CODE DU MOTARD 2023-2024

Nathan

Textes et photographies : Thierry Lemaire
Couverture : Lucas Cholewa
Coordination artistique : Vincent Rioult et Lucas Cholewa
Mise en page : Alinéa
Illustrations : Vincent Landrin
Fabrication : Laura Milhomme

92 avenue de France 75013 Paris
ISBN 978-2-09-501667-8

RETROUVEZ LES VIDÉOS DES TESTS EN SITUATION

Flashez les QR codes en fin de chapitre pour vous entraîner sur :

- les panneaux de signalisation
- les intersections
- les risques d'accident
- les tunnels
- les ronds-points
- les différents types de route
- les piétons
- les dépassements
- la conduite de nuit
- la conduite en virage
- l'équipement du motard
- le guidon et la moto
- le respect de l'environnement
- le permis probatoire

Sommaire

Mode d'emploi

Pour concevoir ce Code du motard et assurer votre succès à l'examen du permis, Nathan a apporté tout son savoir-faire pédagogique.
Les parties sont organisées pour que vous compreniez et reteniez les éléments essentiels. Chaque double page porte ainsi sur un seul sujet.

Chaque chapitre comprend 4 parties :

- **1. La leçon** — **J'apprends le contenu du texte**
- **2. Au guidon** — **Je visualise les situations sur la route**
- **3. Le test** — **Je contrôle mes connaissances et m'entraîne à l'écrit en situation d'examen**
- **4. Les tests en situation** — **Je flashe les QR codes pour m'entraîner en vidéo**

À la fin du livre, un **test complet** est proposé pour une préparation optimale.

À chaque partie est associée une couleur pour un repérage plus aisé.

Le titre annonce le thème de la double page et l'introduction en souligne l'importance.

Les mots essentiels sont passés à la couleur pour attirer l'attention.

1

La circulation routière

Rond-point et carrefour giratoire

De forme commune, les ronds-points et les carrefour giratoires permettent de fluidifier les intersections. Mais ils n'obéissent pas aux mêmes règles en matière de priorité.

Rond-point

La règle de la priorité à droite s'applique en l'absence de toute signalisation contraire. Ce qui signifie que les conducteurs circulant sur l'anneau doivent céder le passage à ceux qui s'insèrent sur le rond-point. Lorsque le rond-point dispose d'au moins deux voies, le motard peut – ce n'est pas une obligation – circuler sur la voie la plus à gauche pour faire le tour de la place. Il se replace ensuite sur la voie la plus à droite pour sortir de l'anneau, en utilisant son clignotant et en tournant franchement la tête pour vérifier l'angle mort.

Carrefour giratoire

L'anneau est systématiquement équipé d'une signalisation qui informe les conducteurs que la priorité à droite ne s'applique pas : un panneau « céder le passage » et une ligne pointillée blanche à l'entrée du carrefour indique au motard qui souhaite s'y engager qu'il doit laisser passer les véhicules circulant déjà sur l'anneau.

ATTENTION

Règles pour sortir

Pour quitter un rond-point comportant plusieurs voies de circulation, le conducteur doit utiliser la voie située le plus à droite. Lorsque la sortie désirée se trouve en face ou sur le côté gauche du rond-point, il peut se rapprocher du centre, puis se rabattre sur la droite à l'approche de la sortie. En cas de doute sur la voie à emprunter, il doit rester sur la voie de droite.

52

POSITIONNEMENT SUR LA CHAUSSÉE

ENTRÉE

L'arrivée sur un carrefour giratoire s'effectue toujours à vitesse réduite, généralement sur la seconde vitesse, en portant le regard à gauche pour vérifier la présence de véhicules.

CIRCULATION

Le placement de la moto dépend de la direction suivie. Il faut ainsi se placer à l'intérieur du giratoire pour tourner à gauche.

SORTIE

Pour sortir d'un giratoire, le motard doit se placer sur l'extérieur de l'anneau, de manière à empêcher d'être dépassé par la droite, vérifier son angle mort gauche et mettre son clignotant.

53

La rubrique « **Attention** » relève un point particulier, un complément d'information, qui peuvent jouer de mauvais tours le jour de l'examen. Parfois s'y ajoutent des panneaux qui sont sélectionnés à titre d'exemple, vous les retrouvez tous légendés à la fin du livre.

Les photos illustrent le thème avec un commentaire approprié.

Les réponses se trouvent au bas de la double page, à l'envers.

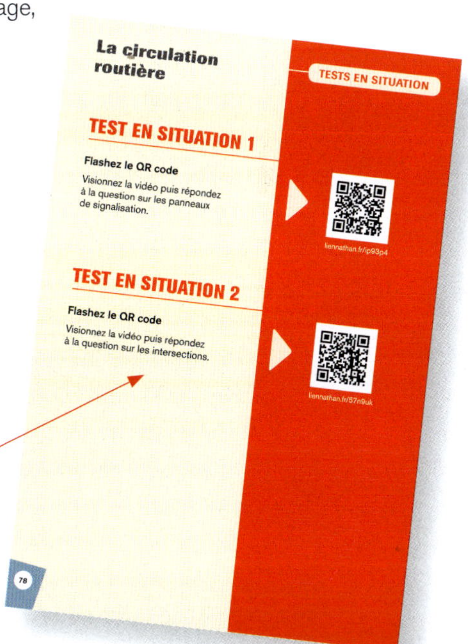

Ces tests portent sur l'entraînement à la partie qui vient d'être étudiée. Vous pouvez vous entraîner à l'écrit et dans les conditions d'examen grâce aux vidéos et QCM accessibles par QR codes. Ils permettent de vérifier partie par partie votre score et votre préparation.

Présentation de l’épreuve

Épreuve théorique moto (ETM)

Depuis le 1er mars 2020, le permis moto dispose de sa propre épreuve théorique avec des questions portant spécifiquement sur la conduite d'un deux-roues motorisé.

Programme

Accessible dès 16 ans, pour un tarif unique de 30 € dans tous les centres agréés, l'épreuve théorique moto (ETM) comporte 9 thèmes et dispose d'un réservoir total de 500 questions :
- la circulation routière ;
- le conducteur ;
- la route ;
- les autres usagers ;
- les notions diverses ;
- la mécanique et les équipements ;
- les équipements de protection et de sécurité ;
- l'environnement ;
- les premiers secours.

Objectif

L'ETM vise à vérifier l'aptitude du (futur) motard à conduire avec les autres usagers, à connaître les règles de circulation, à entretenir sa moto et à adopter le bon comportement au guidon en toutes circonstances.
Il ne s'agit pas seulement de savoir répondre à toutes les questions mais aussi de comprendre la raison d'être des règles du code de la route. L'objectif est d'évaluer tout autant le « savoir-faire » au guidon d'une moto que le « savoir-être » du candidat.

QCM

Au début de l'épreuve, les candidats doivent indiquer s'ils passent l'ETM ou l'ETG (permis B). Durant l'épreuve, les candidats doivent répondre à 40 questions à choix multiple (QCM) et obtenir au minimum 35 bonnes réponses. Les questions posées sont différentes entre les candidats à l'ETM.
Chaque question comporte de 2 à 4 propositions parmi lesquelles une mauvaise réponse est toujours proposée. Et sur ces 40 QCM, 10 sont présentées sous la forme d'une courte vidéo.
Pour répondre, les candidats doivent se mettre dans la peau d'un motard déjà titulaire du permis et non pas en qualité de conducteur novice. Ce qui est déterminant pour répondre, notamment, aux questions portant sur la vitesse.

Validité

En cas de réussite, la durée de validité de l'ETM est fixée à 5 ans, dans la limite de 5 tentatives à l'épreuve pratique. Au-delà des 5 années ou en cas de 5 échecs consécutifs à l'épreuve pratique (plateau et circulation), il faut repasser l'ETM et recommencer la formation intégralement.

Épreuve pratique : le plateau

Une fois la partie théorique obtenue, le candidat doit passer à la pratique en démontrant d'abord sa maîtrise de l'engin sur un plateau, fermé à la circulation, puis sa capacité à circuler en conditions réelles au milieu du trafic.

Condition préalable

Le jour de l'examen, le candidat doit présenter une pièce d'identité (carte d'identité ou passeport) et son permis de conduire (s'il possède déjà son permis B, par exemple) et il doit impérativement être équipé conformément à la règlementation :
– un casque moto homologué et muni de ses 4 stickers rétroréfléchissants ;
– des gants homologués pour la conduite d'un deux-roues motorisé ;
– de bottes ou de chaussures montantes ;
– d'un blouson ou d'une veste à manches longues ;
– d'un pantalon ou d'une combinaison.
Le candidat qui se présente en baskets, en bottes de pluie ou en tee-shirt sera systématiquement refusé par l'examinateur.

Plateau

L'épreuve du plateau est, à juste titre, la plus redoutée des candidats car elle est exigeante et génère du stress. Il s'agit pour l'examinateur de vérifier l'aptitude du motard à maîtriser sa machine pour effectuer des manœuvres à vitesse lente ou rapide, avec et sans un passager, sans chuter.
Les candidats doivent successivement réussir 5 épreuves notées A, B ou C : il faut obtenir un A ou un B à chacune de ces 5 épreuves pour valider le plateau en sachant que 2 B entraînent un C éliminatoire.

Grille de notation

Critères	Notation
Exercice correctement réalisé	A
3 pieds au sol ou 2 pieds au sol si l'exercice de déplacement de la moto sans l'aide du moteur est incorrectement réalisé (hors zones neutralisées)	A
Pied au sol supplémentaire (hors zones neutralisées)	B
Obstacle déplacé ou renversé (hors cônes de l'évitement)	B
Défaut de maîtrise du freinage identifié par une roue décollée et/ou une position inadaptée du candidat	B
Temps compris entre 14 et moins de 16 secondes	B

Épreuve pratique : le plateau

3e rapport de vitesses non engagé avant le 1er cône du slalom ou avant la ligne C6, au freinage ou à l'évitement	B
Temps inférieur à 14 secondes	C
Distance de freinage non respectée	C
Anticipation du freinage	C
Non-respect de la vitesse minimum	C
Erreur de parcours	C
Cône d'évitement déplacé ou renversé	C
Sortie de terrain	C
Obstacle non franchi	C
Arrêt hors zone	C
2 B	C
Chute de la machine (sauf lors de l'exercice du déplacement de la moto sans l'aide du moteur)	Interruption
Notation C au cours du deuxième essai	Interruption

Déplacement de la moto sans l'aide du moteur

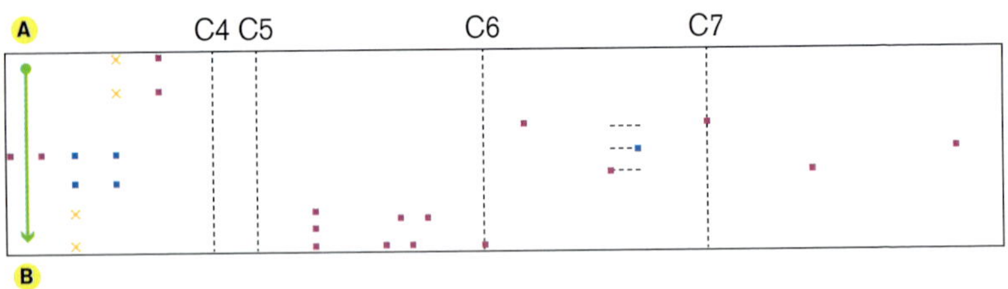

- enlever la béquille ;
- déplacer la moto en marche avant de A vers B ;
- faire une marche arrière de B vers A ;
- remettre la moto sur sa béquille.

La réussite à cette première épreuve octroie au candidat le droit de poser 3 pieds au sol au cours des épreuves suivantes, sans pénalité.

▸ CONSEIL

Cette première épreuve est la plus facile.
– se placer à gauche de la moto ;
– redresser la moto pour éviter d'avoir trop de poids à déplacer ;
– pousser vers l'avant avec les deux mains sur le guidon ;
– freiner avec la poignée droite juste avant la ligne ;
– garder la main gauche sur le guidon et placer la main droite à l'arrière de la selle ;
– reculer lentement, sans toucher le plot placé sur la ligne, arrêter la moto avant la ligne et remettre la béquille.

⏭ Allure lente sans passager

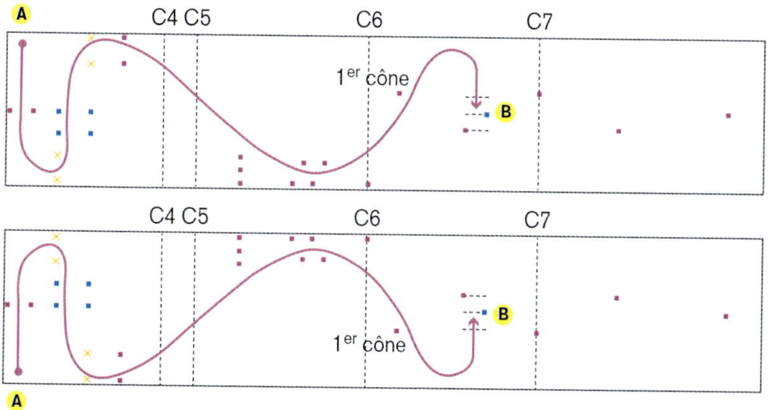

– réaliser le parcours de A vers B à allure lente, sans s'arrêter ni poser de pied au sol ;
– le chronométrage débute lorsque la roue arrière franchit l'axe des 2 cônes en A et s'arrête lorsque la roue arrière dépasse l'axe des 2 cônes en B ;
– la note obtenue est un A si le temps réalisé est d'au moins 16 secondes, un B si le temps est compris entre 14 et moins de 16 secondes et un C – éliminatoire – si le temps est inférieur à 14 secondes.

▸ CONSEIL

Dans cette épreuve, il faut être le plus lent possible :
– souffler longuement pour évacuer le stress ;
– enclencher la première vitesse et monter le régime moteur entre 2 500 et 3 000 tours ;
– se tenir en avant, légèrement penché sur le guidon pour avoir les bras souples ;
– lâcher lentement l'embrayage jusqu'au point de patinage pour avancer doucement ;
– avancer tout droit pour vous approcher de la ligne, regarder la première porte et tourner ;
– passer le plus à l'extérieur de la porte (pour allonger la distance et donc le chrono) sans regarder les deux piquets et viser la seconde porte ;

Épreuve pratique : le plateau

– utiliser uniquement le frein arrière pour ralentir (en maintenant le régime moteur pour ne pas caler) ;
– face à la seconde porte, porter son regard au loin (pour garder l'équilibre) et avancer le plus lentement possible (avec le point de patinage) jusqu'aux deux plots de sortie.

⏭ Demi-tour et freinage à allure normale

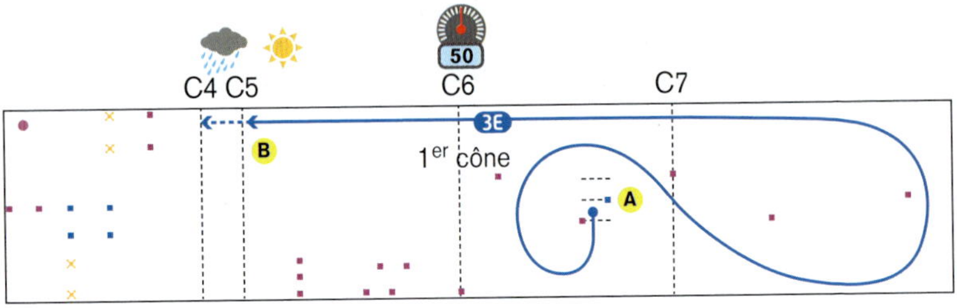

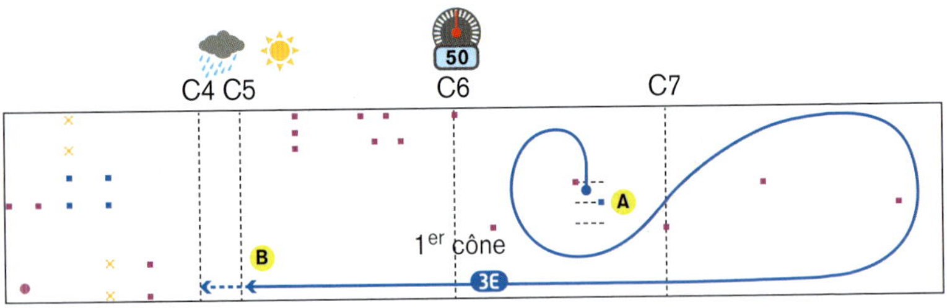

– démarrer en 4 et faire un demi-tour dans la limite du premier cône du slalom ;
– faire un demi-tour derrière le 5e cône du slalom ;
– la vitesse prise au radar (par l'inspecteur) doit être au minimum de 50 km/h à la ligne C6 ;
– effectuer un freinage après la ligne C6 et s'immobiliser avant la ligne C5 (sol sec) ou la ligne C4 (sol humide).

▸ CONSEIL

Le demi-tour s'effectue sans grande difficulté :
– attendre au moins 3 secondes avant de repartir ;
– utiliser le point de patinage pour s'élancer lentement et sans caler ;
– on peut poser plusieurs pieds au sol sans pénalité tant que la troisième ligne pointillée n'est pas franchie ;
– porter le regard loin et ne pas regarder la ligne.
Le freinage d'urgence demandé n'est pas difficile mais il faut éviter de soulever la roue arrière :
– en début de ligne droite, se pencher vers l'avant ;
– atteindre rapidement 55 km/h au compteur et stabiliser son poignet droit pour maintenir cette vitesse jusqu'à la ligne C6 ;

– attendre d'avoir passé la ligne C6 pour freiner ;
– appuyer énergiquement sur la pédale du frein arrière et, instantanément, en serrant la poignée de frein avant ;
– se redresser immédiatement et tendre les bras pour faire contre-poids ;
– ne pas débrayer (le fait de caler est sans aucune incidence sur la notation) ;
– relâcher sensiblement le frein avant (pour éviter le cabrage de la moto).

Allure lente avec un passager

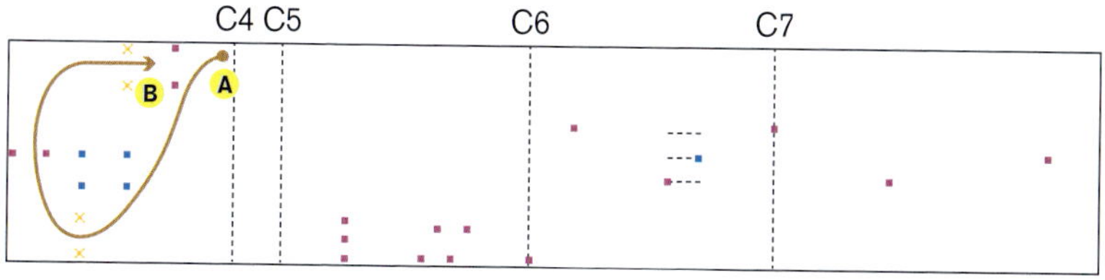

La chute entraîne l'échec immédiat et l'interruption de l'examen.

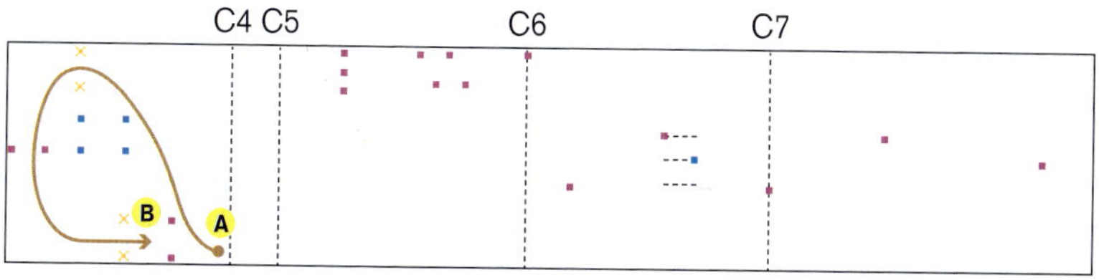

La chute entraîne l'échec immédiat et l'interruption de l'examen.

– prendre en charge le passager dans la zone d'arrêt du freinage ;
– le déposer entre les piquets de la 2e porte de l'épreuve lente.

Épreuve pratique : le plateau

Slalom à allure normale et évitement

– effectuer le slalom à la vitesse minimale de 40 km/h prise par le radar à hauteur de la ligne C7 (3e porte du slalom) ;
– faire un demi-tour derrière la 5e porte sans franchir les lignes ;
– accélérer jusqu'à 50 km/h au radar à la ligne C6 ;
– franchir l'évitement sans toucher aucun cône ;
– s'arrêter entre les 4 cônes bleus.

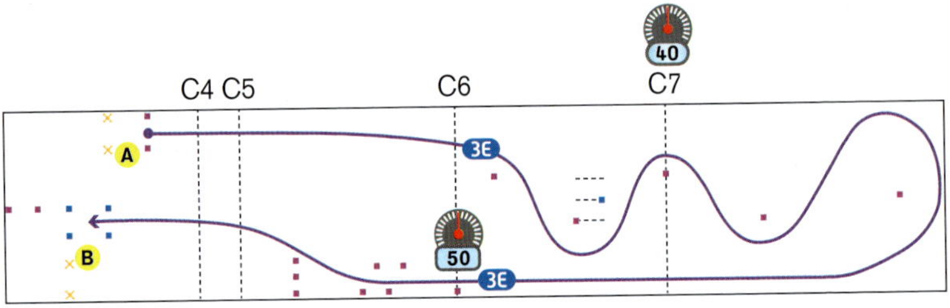

La chute entraîne l'échec immédiat et l'interruption de l'examen.

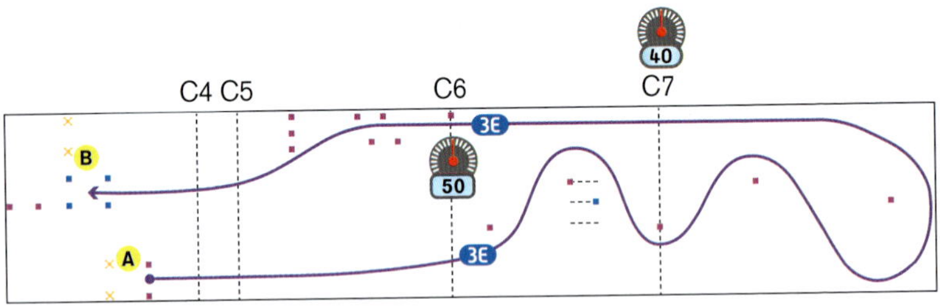

La chute entraîne l'échec immédiat et l'interruption de l'examen.

▸ CONSEIL

Le slalom s'effectue sans grande difficulté tandis que l'évitement requiert, lui, une parfaite préparation :

– souffler longuement pour évacuer le stress ;
– se pencher en avant et accélérer franchement pour passer la 3ème avant la ligne C7 ;
– appliquer le contre-braquage pour passer les portes (en anticipant pour ne pas être trop déporté en fin de slalom) et atteindre 45 km/h au compteur juste avant de passer la troisième porte ;
– ralentir ensuite sur les deux dernières portes pour aborder la dernière ligne droite ;
– accélérer rapidement pour atteindre 55 km/h au compteur ;
– bloquer le poignet droit pour stabiliser la vitesse dans la ligne droite ;
– placer la moto le plus près possible de la ligne blanche (à l'extérieur de l'évitement) ;
– couper les gaz dès l'entrée dans l'évitement, pousser franchement sur le guidon et regarder uniquement les quatre plots bleus du freinage (ne pas regarder les plots orange) ;
– freiner (moto droite) pour venir s'immobiliser entre les quatre plots bleus.

La durée moyenne de cette épreuve est de cinq minutes environ pour un passage, en sachant que chaque candidat a droit à deux passages :
– il réussit les 5 épreuves du plateau : son plateau est validé ;
– il échoue à sa première tentative : il refait immédiatement un second passage mais sans refaire le déplacement de la moto sans l'aide du moteur.

Épreuve pratique : la circulation

Cette deuxième partie de l'épreuve pratique n'est possible qu'après avoir réussi l'épreuve plateau. Durant une trentaine de minutes, le motard doit circuler parmi les autres usagers et démontrer qu'il sait adopter le bon comportement face aux situations rencontrées, qu'il sait appliquer la trajectoire de sécurité en ligne droite et en virage.

⏭ Présentation

Le début de l'épreuve débute avant même de circuler. Le candidat doit s'adresser à l'inspecteur et prononcer 5 phrases :
- « mon casque est homologué, il est à ma taille et il est attaché » (en montrant la jugulaire fermée) ;
- « mes gants sont aux normes » ;
- (mettre le contact) « le feu fonctionne » ;
- (démarrer le moteur et montrer le tableau de bord) « aucun voyant d'alerte n'est allumé » ;
- (monter sur la moto et régler les rétroviseurs) « les rétroviseurs sont réglés ».

Cette petite introduction permet au candidat d'obtenir déjà 2 points sur les 21 nécessaires (sur un maximum de 27) pour réussir l'épreuve.

⏭ Document provisoire

Les candidats ne connaissent pas leur résultat à l'issue de l'épreuve de circulation. Ceux ayant réussi reçoivent la réponse quelques jours plus tard sur Internet (www.securite-routiere.gouv.fr) avec, en cas de réussite, la possibilité de télécharger et/ou d'imprimer son certificat d'examen du permis (CEPC).

Ce document provisoire est valable 4 mois et sert de permis en attendant la fabrication du véritable permis, expédié par courrier, pour piloter une moto correspondant à la catégorie passée. En revanche, le CEPC ne permet pas de circuler hors des frontières françaises.

⏭ Passerelle

L'obtention du permis A2, à partir de 18 ans, permet de piloter une moto, avec ou sans side-car, d'une puissance maximale de 35 kW (soit 47 chevaux). Après deux années de permis, il est possible d'obtenir le permis A pour piloter des motos d'une puissance non limitée en suivant une formation de 7 heures en moto-école (sans examen final).

Grille de notation

Bilan des compétences	Niveaux d'appréciation E	0	1	2	3	Autonomie et conscience du risque: Analyse des situations	Adaptations aux situations	Conduite autonome
Connaître et maîtriser son véhicule								
Savoir s'équiper et s'installer								
Savoir se positionner sur le véhicule en circulation, connaître et utiliser les commandes								
Appréhender la route								
Prendre l'information								
Adapter son allure aux circonstances								
Appliquer la réglementation								
Partager la route avec les autres usagers								
Communiquer avec les autres usagers						0	0	0
Partager la chaussée						0,5	0,5	0,5
Maintenir les espaces de sécurité						1	1	1
Sous-totaux								
Courtoisie			+1					
	Total général							

1 La circulation routière

PANNEAUX ROUTIERS

Savoir lire la signalisation
Les panneaux d'indication
Les panneaux de direction
Les panneaux de danger
Les panneaux d'obligation
Les panneaux d'interdiction
La signalisation temporaire
Les balises

MARQUAGE AU SOL

Lignes et flèches au sol
Voies de circulation

SIGNALISATION LUMINEUSE

Les feux tricolores
Les forces de l'ordre

ARRÊT ET STATIONNEMENT

Les règles de l'arrêt et du stationnement
Le stationnement en agglomération

POSTIONNEMENT SUR LA CHAUSSÉE

Ligne droite
Rond-point et carrefour giratoire

CROISEMENT ET DÉPASSEMENT

Changement de direction
Comment tourner ?
Le dépassement
Circulation interfiles

INTERSECTIONS

Cédez le passage et stop

PRIORITÉS

Les règles de priorité
Routes prioritaires

ZONES DE DANGER

Tramway et passages à niveau
Tunnel

TESTS — **TESTS EN SITUATION**

Savoir lire la signalisation

La forme et la couleur des panneaux renseignent les usagers de la nature et de l'importance de l'information donnée : proximité d'un danger, manœuvre interdite ou obligatoire, etc.

Fonction des panneaux

La signalisation verticale est matérialisée par l'implantation de panneaux sur l'accotement. Elle remplit **plusieurs objectifs** :
- informer ou indiquer une direction ;
- alerter de la proximité d'un danger ;
- donner une instruction impérative.

Systématiquement installés à droite, les panneaux peuvent également être placés sur le côté gauche lorsque la chaussée est à sens unique.

Forme

Les panneaux sont répartis en **5 catégories** selon leur forme :
- carré : indication
- rectangle : localisation
- rectangle biseauté : direction
- triangle : danger ou intersection
- rond : obligation ou interdiction

Couleur

En plus de sa forme, **la couleur du panneau lui donne une signification particulière**.

Panneau rond :
- un fond bleu indique une obligation ;
- un pourtour rouge indique une interdiction.

Panneau triangulaire ou rectangulaire biseauté :
- signalisation permanente si le fond est blanc ;
- signalisation provisoire si le fond est jaune.

ATTENTION

Complément d'information

La signalisation est parfois complétée par un panonceau, placé sous le panneau, et/ou un idéogramme intégré au panneau.

Le stationnement est interdit aux véhicules de transport de marchandises.

L'accès est interdit aux véhicules dont le poids total autorisé en charge (PTAC) est supérieur à 4,5 t.

ARRÊT OBLIGATOIRE

Même si la circulation est fluide, il faut impérativement marquer l'arrêt à la hauteur de la ligne blanche.

DOUBLE LECTURE

Le motard doit lire simultanément la signalisation en place pour comprendre que la chaussée est rétrécie et interdite aux véhicules de plus de 7 tonnes.

ACCÈS AUTOROUTE

Le panonceau accolé au panneau principal informe le motard de la direction à suivre pour accéder à l'autoroute.

Les panneaux d'indication

De forme carrée et de couleur bleue, les panneaux d'indication sont implantés à proximité du lieu auquel ils se rapportent.

Indication routière

Les panneaux carrés à fond bleu contiennent des symboles permettant au motard de visualiser rapidement l'information qui lui est donnée.

Service

Les panneaux de confort ont un fond blanc et donnent au conducteur des informations qui ne portent pas directement sur sa conduite mais sur l'agrément disponible sur son trajet.

Autoroute

À l'approche d'une barrière de péage, plusieurs panneaux d'indication renseignent les usagers sur les modalités de paiement correspondant à chaque file, sur la proximité d'une aire de repos, d'une station-service, etc.

ATTENTION

Quelques panneaux

Circulation à sens unique

Vitesse conseillée à 30 km/h

Voie sans issue ou impasse

Poste d'appel téléphonique

Poste de secours

Paiement par carte bancaire

DEUX INFORMATIONS

À 200 m, le motard trouvera une aire de pique-nique ainsi qu'un point d'information touristique.

INFORMATION

La signalétique au-dessus de chaque guichet d'autoroute informe les usagers sur l'affectation des voies et sur les moyens de paiement.

AIRES DE STATIONNEMENT

Différents parkings sont spécialement aménagés pour accueillir des catégories spécifiques de véhicules.

Les panneaux de direction

La couleur des panneaux de direction permet d'identifier rapidement l'information donnée et de s'orienter plus facilement.

⏭ Triple information

Les panneaux de direction informent le conducteur :
- de la proximité d'une intersection ;
- sur les agglomérations desservies ;
- du type de voie sur laquelle il circule et sa nomenclature.

⏭ Couleur

Le fond du panneau de direction peut être de **5 couleurs différentes** :
- bleu : itinéraire autoroutier ;
- vert : itinéraire entre des villes importantes ;
- blanc : direction locale ;
- jaune : itinéraire provisoire (déviation pour travaux, itinéraire bis) ;
- marron : site touristique.

⏭ Cartouche et encart

L'information donnée par les panneaux de direction est complétée par :
- un cartouche, placé au-dessus du panneau, pour identifier la nature du réseau ;
- un encart, également placé au-dessus du panneau, pour identifier les autres voies (routes, autoroutes) à proximité.

ATTENTION

Cartouche et encart

Généralement, un cartouche (ou un encart) complète le panneau de direction avec une couleur différente selon la catégorie de la route concernée :

E	Réseau européen	C	Réseau communal
N	Réseau national	R	Réseau rural
A	Réseau autoroutier	F	Réseau forestier
D	Réseau départemental		

DIRECTION

Le motard circule sur la départementale 607 avec l'indication du kilométrage à parcourir jusqu'à l'agglomération choisie.

AFFECTATION DES VOIES

L'autoroute se scinde en deux et les panneaux permettent aux conducteurs de placer leur véhicule ou leur moto selon l'affectation des voies bien avant la séparation de la chaussée.

PRÉSIGNALISATION

Le panneau sur fond vert indique qu'une partie de l'itinéraire peut se faire sur autoroute alors que celui sur fond blanc se contente de donner une direction sans distance.

Les panneaux de danger

Le motard, comme tous les autres conducteurs, doit impérativement ralentir et faire preuve de prudence à la vue de panneaux triangulaires qui annoncent la proximité d'un danger potentiel.

Implantation

Ces panneaux, triangulaires avec une bordure rouge sur un fond blanc, sont implantés bien avant que le conducteur aborde la zone concernée. Ils sont installés :
- 50 m avant le danger en agglomération ;
- 150 m avant le danger hors agglomération.

Nature du danger

Ces panneaux peuvent prévenir de la configuration de la route (virage), de son état (chaussée glissante) ou de son environnement (chute de pierres, présence d'animaux sauvages, etc.), mais aussi des règles de priorité. Ils peuvent être complétés par un panonceau qui précise l'information : distance, catégorie de véhicule concernée, étendue, etc.

Passage à niveau

Les passages à niveau font l'objet d'une signalisation particulière pour informer les conducteurs sur la nature de l'infrastructure qu'ils vont rencontrer :
- distance : 3 balises sont respectivement implantées à 150 mètres (3 traits), 100 mètres (2 traits) et 50 mètres (1 trait) des barrières ;
- nombre de voies traversées ;
- passage à niveau avec barrières à fonctionnement manuel ou automatique.

En présence de demi-barrières automatiques, un feu rouge clignotant et une sonnerie indiquent la fermeture des barrières. Il faut impérativement s'arrêter et surtout ne pas accélérer pour tenter de passer.

ATTENTION

Quelques panneaux

Virage à gauche

Chaussée particulièrement glissante

DANGER PARTICULIER

Lorsque aucun panneau ne correspond au danger encouru, le triangle est accompagné d'un panonceau qui en précise la nature.

VIRAGES SUCCESSIFS

Sur 1 km, le motard sait qu'il va successivement rencontrer un virage à droite puis un virage à gauche.

CHUTE DE PIERRES

La nature du danger que le motard est susceptible de rencontrer est indiquée 150 m au moins avant l'endroit concerné.

Les panneaux d'obligation

Le motard peut être dans l'obligation de circuler dans des conditions particulières, soit en suivant un parcours imposé, soit en se voyant interdire l'accès à une partie de la chaussée.

Implantation

L'obligation débute à la hauteur du panneau et se termine soit à l'intersection suivante, soit à la signalisation qui y met fin. Le conducteur est tenu de se conformer aux instructions données. L'obligation peut être précisée par un panonceau (distance, étendue, catégorie, etc.).

Voie réservée

Seuls les usagers et les véhicules symbolisés sur le panneau peuvent accéder à la voie concernée : véhicules de transport en commun, deux-roues non motorisés, etc.

Fin d'obligation

Pour informer le conducteur de la fin de l'obligation, le même panneau barré transversalement d'un trait rouge est implanté.

ATTENTION

Quelques panneaux

Obligation de tourner à gauche

Direction à droite obligatoire à la prochaine intersection

Contournement obligatoire de l'obstacle par la droite

Vitesse minimale obligatoire de 30 km/h

Voie réservée aux véhicules de transport en commun des services réguliers

Fin de la vitesse minimale obligatoire de 30 km/h

DIRECTION OBLIGATOIRE

Le motard n'a pas le choix et doit suivre le sens de circulation indiqué par la flèche.

PASSER À DROITE

L'obstacle sur la chaussée doit obligatoirement être contourné dans le sens indiqué par la flèche.

FIN D'OBLIGATION

La bande rouge transversale indique que l'obligation, pour les cyclistes, d'emprunter la bande cyclable est levée et informe les conducteurs de leur retour sur la chaussée.

Les panneaux d'interdiction

Les panneaux ronds avec un pourtour rouge indiquent les manœuvres que les conducteurs de voiture ou de moto ne doivent en aucun cas exécuter.

Application

L'interdiction débute à l'aplomb du panneau et se poursuit jusqu'à l'intersection suivante ou jusqu'au panneau levant cette interdiction. Un panonceau complète parfois l'information pour préciser soit la distance à partir de laquelle l'interdiction s'applique, soit l'étendue de l'interdiction, soit la catégorie de véhicule concernée.

Lecture

Le symbole matérialisé sur le panneau indique la catégorie d'usagers qui n'a pas le droit d'emprunter la voie concernée. Lorsque plusieurs panneaux se superposent sur le même support, leur lecture doit être séparée car ils sont indépendants les uns des autres et peuvent donc ne pas concerner tous les conducteurs.

Fin d'interdiction

La fin de l'interdiction est matérialisée par l'implantation du même panneau mais avec un fond blanc, le même symbole en noir et barré transversalement d'une bande de couleur noire.

ATTENTION

Quelques panneaux

Vitesse limitée à 50 km/h à 500 m

Interdiction de dépasser sur 15 km

Interdiction de faire demi-tour jusqu'à la prochaine intersection incluse

Sens interdit

Interdiction de tourner à droite sauf pour les cyclistes

Fin de limitation de la vitesse à 60 km/h

STATIONNEMENT INTERDIT

Le panonceau complète l'information et précise que l'interdiction de stationner s'applique des deux côtés de la chaussée alors même qu'un seul panneau est présent.

INTERDICTIONS MULTIPLES

Sur un même poteau de signalisation, le conducteur est informé que la voie empruntée est limitée à 50 km/h et interdite aux véhicules de plus de 3,5 t ou d'une hauteur supérieure à 2,1 m.

RÉPÉTITION

En cas de danger important ou de risque de confusion, la signalisation peut être répétée pour s'assurer que le message soit bien compris.

La signalisation temporaire

En cas de travaux, de bouchon, d'accident ou de situation exceptionnelle, la signalisation permanente peut être provisoirement modifiée par la mise en place de panneaux généralement posés à même le sol.

Caractère provisoire

Les panneaux provisoires, de couleur jaune, priment sur la signalisation permanente. Ils doivent être respectés même s'ils dérogent aux conditions de circulation habituellement définies par les panneaux permanents.

Implantation

La signalisation temporaire est implantée en amont afin de ne pas surprendre les usagers :
- à 50 mètres du danger en agglomération ;
- à 150 mètres du danger hors agglomération.

Danger

La signalisation de danger temporaire est de forme identique à celle de la signalisation permanente, mais le fond du panneau est de couleur jaune. Pour préciser la nature du danger ou pour informer le conducteur avant qu'il n'arrive sur les lieux, les panneaux temporaires sont souvent complétés par des panonceaux.

Information

La couleur jaune est également utilisée pour les panneaux de direction pour signaler une déviation ou une voie temporairement fermée à la circulation.

Vitesse réduite

Même si aucun panneau provisoire ne réduit la vitesse maximale habituelle sur la portion de route concernée, le motard doit de lui-même réduire sa vitesse, maintenir une bonne distance de sécurité avec les véhicules qui le précèdent et prendre garde à l'état de la chaussée (gravillons, ornière, trou, etc.).

Fin de signalisation

La fin de la signalisation provisoire est indiquée par le même panneau que celui qui supprime toutes les interdictions : un panneau rond avec un fond blanc et une bande transversale noire.

TRAVAUX

Il faut impérativement ralentir à la vue d'un panneau indiquant des travaux pour assurer la sécurité du personnel du chantier.

PROJECTION DE GRAVILLONS

Le motard est informé que la route abordée comporte des gravillons susceptibles d'être projetés.

DANGER PARTICULIER

La nature du danger provisoire est indiquée par un panonceau lorsqu'il n'existe pas de signalisation correspondant au risque.

Les balises

La signalisation verticale n'est pas uniquement composée de panneaux : des balises aident également les conducteurs à visualiser certains endroits susceptibles de les exposer à un danger.

Repère d'intersection

Hors agglomération, des balises implantées aux angles d'une intersection permettent au motard de **bien discerner le carrefour** et, ainsi, de ne pas être surpris. Ces balises sont de couleur blanche avec un liseré rouge sur la partie haute.

Virage

Des balises sont implantées dans certains virages pour permettre aux conducteurs de **mieux déceler la courbe**. De couleur blanche, ces balises sont surmontées d'un capuchon rouge dans les zones susceptibles d'être enneigées en hiver. Certains virages, jugés dangereux, sont signalés par des chevrons orientés dans le sens du virage.

Signalisation d'obstacle

Une balise implantée devant un obstacle proche de la route (rocher, mur, etc.) alerte les conducteurs **sur le risque de collision**. Son revêtement fluorescent s'illumine, la nuit, dans le faisceau des feux des véhicules.

Délinéateurs

Lorsque la visibilité d'un site le nécessite, des délinéateurs implantés sur l'accotement permettent aux usagers de **mieux percevoir la délimitation** de la chaussée.

ATTENTION

Quelques balises

Les balises complètent les panneaux et le marquage au sol ; elles jalonnent la chaussée aux endroits qui pourraient s'avérer dangereux.

Balise d'intersection : implantée aux 4 coins d'une intersection, elle permet de la visualiser.

Balise de virage : un capuchon rouge sur une balise de virage signale la possibilité de neige en hiver.

Chevrons orientés : le sens du dessin montre l'orientation du virage.

Tête d'îlot : sa flèche indique le côté vers lequel l'obstacle doit être contourné.

INTERSECTION

Pour améliorer la visibilité d'une intersection, hors agglomération, des balises peuvent être implantées aux quatre coins du carrefour.

OBSTACLE

La présence d'un petit obstacle à proximité de la chaussée est systématiquement signalée par une bande rétroréfléchissante pour inciter à se déporter.

BIFURCATION

Une balise de musoir accompagne le marquage au sol (zébras) en cas de séparation de la chaussée avec deux flèches directionnelles opposées.

Lignes et flèches au sol

La quasi-totalité du réseau français est pourvue d'un marquage au sol dont il est impératif de bien connaître la signification et de la respecter car, parfois, aucun panneau n'est implanté.

Ligne continue

Le trait blanc continu détermine la voie de circulation et interdit au conducteur d'en changer. Son chevauchement et son franchissement sont strictement interdits. En voiture, il est toutefois autorisé de chevaucher la ligne continue pour dépasser un cycliste mais exclusivement si la visibilité le permet. Cette tolérance ne concerne pas les motos qui, elles, ne doivent pas franchir la ligne continue pour effectuer un tel dépassement.

Ligne discontinue

Les pointillés, très écartés (10 m d'espacement entre chaque trait de 3 m), indiquent que le motard peut franchir la ligne pour effectuer une manœuvre de dépassement ou pour changer de direction.

Ligne de dissuasion

Une ligne pointillée avec des traits rapprochés (1,33 m d'espacement entre chaque trait de 3 m) se rencontre sur une route étroite ou sinueuse, pour permettre uniquement le dépassement de véhicules lents (tracteurs, voitures sans permis, cyclomoteurs, vélos).

Ligne mixte

Lorsqu'une ligne continue jouxte une ligne discontinue, le motard doit respecter celle qui est la plus proche de son sens de circulation. La ligne plus éloignée concerne les véhicules circulant en sens inverse.

Ligne d'avertissement

La ligne discontinue comporte des traits de 3 m rapprochés (espacés de 1,33 m) avec l'insertion, entre eux, de 3 flèches de rabattement orientées vers la droite. Elle annonce la proximité d'une ligne continue et donc l'obligation de terminer un dépassement en cours pour se mettre sur la voie de droite dès que possible.

Flèches de rabattement

Les flèches de rabattement, toujours présentes par trois au milieu de la voie de circulation, préviennent les conducteurs de la prochaine suppression de la voie sur laquelle ils circulent. Le motard doit se rabattre à droite, en utilisant son clignotant, avant d'aborder la troisième flèche.

DÉPASSEMENT INTERDIT

Même si la visibilité semble suffisante, toute manœuvre de dépassement d'un véhicule autre qu'un cycle est interdite en présence d'une ligne continue.

INTERDICTION UNILATÉRALE

Le motard ne peut ni chevaucher ni franchir la ligne continue car la ligne pointillée autorisant une telle manœuvre se trouve dans l'autre sens de circulation.

RABATTEMENT

À la troisième flèche de rabattement, le motard doit impérativement être revenu sur la voie de droite car elle annonce la proximité d'une ligne continue.

Voies de circulation

Pour fluidifier la circulation, la chaussée est parfois aménagée de façon à permettre aux conducteurs de s'insérer ou de quitter l'axe sans contraindre les autres à ralentir.

Voie réservée

Une partie de la chaussée peut être affectée à une catégorie particulière de véhicules et **matérialisée par une ligne discontinue large** :
- voie réservée aux véhicules lents (vitesse inférieure ou égale à 60 km/h) ;
- couloir de bus ;
- bande cyclable.

Voie de détresse

Sur les chaussées à forte pente, une voie matérialisée par un **damier rouge et blanc** permet aux véhicules – tout particulièrement les poids lourds – de s'immobiliser lorsque leurs freins ne répondent plus.

Zébras

La circulation et le stationnement sont strictement interdits sur la partie de la chaussée comportant des traits parallèles, appelés zébras.

Voie d'accélération ou de décélération

Sur les grands axes, la chaussée dispose généralement d'une voie supplémentaire, séparée par une large bande pointillée, permettant aux véhicules ou aux motos de s'insérer (voie d'accélération pour une entrée à gauche) ou de sortir (voie de décélération à droite) sans gêner les autres usagers.

Passages pour piétons

Les larges bandes blanches qui traversent la chaussée matérialisent le passage réservé aux piétons sur lequel un véhicule n'a le droit ni de s'arrêter ni de stationner. Les **conducteurs doivent toujours céder le passage à un piéton**, même lorsque celui-ci ne respecte pas la signalisation qui le concerne.
Sur route humide, les motards doivent se méfier de possibles glissades.

Bande d'arrêt d'urgence

Les voies rapides et les autoroutes disposent en principe toutes d'une bande située sur le bord droit de la chaussée sur laquelle il est **interdit de circuler en situation normale**, y compris en cas de trafic dense. Seul un cas de force majeur (panne empêchant de déplacer le véhicule ou la moto, début d'incendie, etc.) autorise le conducteur à s'immobiliser sur cette bande d'arrêt d'urgence en **attendant l'arrivée des secours** ou d'un véhicule de dépannage.

COULOIR

Les motards ne doivent pas emprunter les couloirs de bus, même lorsque le trafic est encombré sur les autres voies de circulation.

ZÉBRA

La circulation sur les zébras est strictement interdite car assimilée au franchissement d'une ligne continue et sanctionnée comme tel.

CYCLISTES

Même lorsque le trafic est dense et la circulation difficile, la moto ne peut pas emprunter la bande cyclable, même si aucun cycliste n'y est présent.

Les feux tricolores

Les feux tricolores déterminent l'ordre de passage des véhicules dans une intersection, permettant d'éviter les embouteillages et d'assurer la sécurité des personnes.

Feu vert

Le conducteur **peut passer**, excepté s'il risque d'être bloqué au milieu de l'intersection. Sur certains carrefours, le feu vert est remplacé par un feu jaune clignotant : il indique l'existence d'un danger particulier qui impose à tous de réduire sa vitesse et de se montrer vigilant.

Feu jaune

Il ne reste allumé que quelques secondes et annonce que le feu va passer au rouge. Le conducteur doit **s'arrêter** sauf s'il y a un risque (véhicule qui suit de trop près, chaussée glissante, etc.) ou s'il se trouve trop près du feu au moment où il passe au jaune pour pouvoir s'immobiliser.

Feu rouge

Il est impératif de **s'arrêter** à la hauteur du feu ou du marquage au sol (ligne d'effet) et ne pas empiéter sur l'éventuel sas cycliste (zone réservée à l'arrêt des deux-roues non motorisés) ni, *a fortiori*, sur le passage pour piétons.

Feux éteints

Lorsque la signalisation tricolore ne fonctionne pas, en l'absence d'une signalisation précise, il faut appliquer la règle de la priorité à droite.

Feux fléchés

Les feux en forme de flèche sont **destinés aux véhicules qui suivent la direction concernée**. La flèche verte allumée donne la priorité de passage au moment d'un changement de direction (gauche ou droite). Ces feux sont complétés par des flèches peintes sur la chaussée.
Une flèche jaune clignotante supplémentaire autorise le passage malgré le feu rouge mais ne donne pas la priorité.

Feux clignotants

Un feu jaune clignotant en bas remplace le feu vert et **annonce un danger**. Le conducteur doit respecter la signalisation ou la règle de priorité et céder le passage aux piétons. Attention, ce feu peut passer au jaune fixe et au rouge.
Parfois, le feu clignote au milieu quand la circulation est peu dense. Dans ce cas et s'il n'y a pas de panneau, c'est la **règle de la priorité à droite** qui s'applique. Il faut également céder le passage aux piétons.
Un feu rouge clignotant implique l'**arrêt absolu** jusqu'à son extinction (passage à niveau, pont mobile, tramway, etc.).

PASSAGE AUTORISÉ

Le feu vert autorise le conducteur à passer mais il ne le dispense pas de faire preuve de prudence lors du franchissement de l'intersection.

ARRÊT RECOMMANDÉ

Le feu jaune informe le conducteur de l'imminence du feu rouge et lui impose de s'arrêter sauf s'il ne peut pas s'immobiliser sans danger.

ARRÊT OBLIGATOIRE

Le feu rouge impose l'arrêt du véhicule et le conducteur ne doit tenir compte du panneau que lorsque les feux ne fonctionnent pas.

Les forces de l'ordre

L'obligation de respecter la signalisation lumineuse ne s'applique plus lorsque les forces de l'ordre sont présentes et donnent leurs consignes d'arrêt et de passage.

Missions variées

En matière de circulation, les forces de police et de gendarmerie remplissent plusieurs missions. Elles :
– assurent la fluidité de la circulation ;
– effectuent des contrôles de papiers (permis de conduire, carte grise, attestation d'assurance, etc.) et des dépistages d'alcoolémie ou de drogue ;
– veillent au respect du code de la route et verbalisent les contrevenants ;
– sécurisent les lieux en cas d'accident matériel ou corporel.

Appliquer les consignes

Les instructions données par les policiers ou les gendarmes doivent impérativement être respectées même si elles contredisent la signalisation en place ou les règles habituelles de circulation. Par exemple, s'ils ordonnent de passer alors que le feu est rouge, le conducteur doit obtempérer et ne commet aucune infraction en avançant.

Signification des gestes

Les consignes sont données aux conducteurs par des gestes qui ont chacun une signification bien précise. À la vue d'un agent sur la chaussée, qu'il soit de face ou de dos, le motard doit être attentif au message :
– les deux bras écartés en travers de la route : arrêt obligatoire ;
– les deux bras écartés dans le sens de la route : passer ;
– un bras levé de face : arrêt obligatoire ;
– mouvement de bas en haut d'un bras : ralentir ;
– mouvement circulaire du bras : avancer sans ralentir.

Sanction

Quelle que soit la signalisation en place, il faut impérativement respecter les consignes données par les forces de l'ordre. Le refus de se soumettre à une injonction expose à une amende de 3 750 € et à la perte de 6 points. Ce qui implique, pour un jeune conducteur, l'annulation pure et simple de son permis.

ARRÊT

Le policier a les bras écartés en travers de la route : il faut s'arrêter.

ARRÊT

Le policier se trouve de face et lève un bras : il faut s'arrêter.

RALENTIR

Le policier agite un bras de bas en haut : il faut simplement ralentir.

Les règles de l'arrêt et du stationnement

L'arrêt et le stationnement d'un véhicule doivent s'effectuer de manière à ne pas gêner la circulation des autres usagers ni les mettre en danger.

Arrêt

Est considérée à l'arrêt la moto immobilisée pour un court moment dans le but de permettre la descente ou la montée d'un passager ou de charger ou de décharger le deux-roues. Le motard doit **se tenir à proximité immédiatc de sa molo** pour pouvoir la déplacer rapidement en cas de nécessité.

Stationnement

On considère la moto en stationnement quand elle est **arrêtée sans lien** avec la montée ou la descente d'un passage ou la manipulation d'un chargement. Le véhicule est également considéré en stationnement si le motard s'immobilise plusieurs dizaines de minutes ou s'il s'éloigne momentanément de sa moto.

Trottoirs interdits

Que ce soit pour un arrêt ou pour un stationnement, il est rigoureusement **interdit de poser sa moto sur le trottoir**. Peu importe que le trottoir soit suffisamment large pour laisser passer les piétons.
Un arrêté municipal peut toutefois autoriser le stationnement aux deux-roues motorisées sur certains trottoirs, avec la mise en place d'une signalisation spécifique (panneaux, marquage au sol).

Marquage au sol

En agglomération, une signalisation sur le bord du trottoir vient parfois compléter les panneaux en place :
– ligne jaune discontinue : l'arrêt est autorisé mais le stationnement reste interdit ;
– ligne jaune continue : l'arrêt et le stationnement sont strictement interdits.
Ce marquage s'applique jusqu'à la prochaine intersection et s'applique à tous les véhicules, sans distinction.

Manœuvre

Dans tous les cas, le motard qui s'apprête à s'arrêter doit veiller à **ne pas gêner la circulation**, avertir de ses intentions en utilisant son clignotant pour ne pas surprendre les autres conducteurs, réduire son allure pour manœuvrer et céder le passage aux piétons et aux autres véhicules. **Faire clignoter son feu stop est un bon moyen d'avertir le véhicule qui suit.**

TROTTOIR

Quel que soit son gabarit, une moto ne doit pas stationner sur les trottoirs, sauf s'ils sont spécialement aménagés pour accueillir les deux-roues.

POINTILLÉS

Avec ses pointillés directement peints sur l'asphalte, le marquage au sol informe les usagers que seul un arrêt de courte durée est toléré.

EMPLACEMENT RÉSERVÉ

Laisser sa moto, même pour un court instant, sur un emplacement réservé aux personnes handicapées est strictement interdit. Et ce, même si la moto n'occupe pas toute la place.

Le stationnement en agglomération

Même à moto, il n'est pas possible de s'arrêter ou de stationner n'importe où. Les interdictions au stationnement sont classées en 3 catégories selon leur degré de gravité. Dans la mesure du possible, il faut privilégier les emplacements spécifiquement dédiés aux deux-roues (places de stationnement, parking).

Stationnement abusif

Sur la voie publique, le stationnement **sans interruption** au même endroit pendant plus de 7 jours est considéré comme abusif. La municipalité peut même fixer une durée maximale plus courte. Cette règle ne s'applique pas dans les parkings.

Stationnement gênant

Sous peine d'une amende forfaitaire de deuxième classe (35 €), il est interdit de s'immobiliser :
- sur un trottoir (sauf autorisation municipale) ;
- en double file si la moto empêche le passage des autres véhicules ;
- sur un emplacement réservé à l'arrêt des transports publics ou taxis ;
- devant une entrée d'immeuble ;
- sur une bande d'arrêt d'urgence sauf en cas de nécessité absolue ;
- entre le bord de la chaussée et une ligne blanche continue si la largeur de la voie oblige les autres usagers à chevaucher la ligne.

Stationnement très gênant

Constitue une infraction de 4e classe (amende forfaitaire de 135 €) le fait de stationner :
- sur une place réservée aux personnes handicapées ;
- sur une place réservée aux transporteurs de fonds ;
- dans un couloir de bus ;
- sur la bande d'arrêt d'urgence (voies rapides, autoroutes) ;
- sur un passage pour piétons ;
- sur une piste cyclable.

Stationnement dangereux

Constitue également une infraction de 4e classe (amende forfaitaire de 135 €) le fait de stationner :
- dans un endroit où la visibilité est insuffisante (tunnel, souterrain, etc.) ;
- à proximité d'une intersection ou d'un virage ;
- au sommet d'une côte ;
- sur un passage à niveau.

Tolérance

Il est interdit de stationner mais l'arrêt – par définition de courte durée et en présence permanente du motard – est toléré en double file, devant les garages, les entrées carrossables et sur les emplacements réservés aux livraisons ou à la recharge des véhicules électriques.

INTERDICTION

La signalisation interdisant l'arrêt et le stationnement s'adresse à tous les véhicules motorisés. Les motards ne peuvent pas y déroger, malgré leur faible encombrement.

PASSAGE PIÉTON

Immobiliser sa moto sur un passage pour piétons est non seulement un acte d'incivilité mais aussi une mise en danger des intéressés en les obligeant à emprunter la rue.

GARAGE

Comme n'importe quel véhicule, une moto ne doit pas stationner devant une entrée carrossable. L'arrêt est possible si le motard reste à proximité immédiate pour la déplacer.

Ligne droite

La configuration de la route détermine le comportement du motard qui doit appliquer une trajectoire de sécurité, pour lui et pour les autres.
Circuler en ligne droite ne signifie pas l'absence de tout danger. Le motard doit tenir compte de plusieurs paramètres (état de la chaussée, conditions météo, densité du trafic, etc.).

Agglomération

En ville, le motard doit se positionner au centre de sa voie de circulation afin de se constituer un coussin de sécurité en cas d'écart de conduite des autres usagers (automobiliste qui déboîte ou qui ouvre sa portière, piéton qui surgit sur la route, etc.) ou de chaussée sale ou déformée.
En pratique, il faut virtuellement diviser la voie en 3 tiers et se tenir sur le tiers central.

Hors agglomération

Il faut placer sa moto sur le côté droit de sa voie de circulation, en veillant à maintenir un coussin de sécurité avec l'accotement et l'axe médiant de la chaussée. Ceci afin de ne pas circuler trop à droite, pour éviter de rouler dans un trou, une ornière ou sur un détritus, ni trop près de la ligne médiane, afin de prévenir tout risque de collision avec un véhicule venant en face.

Voies multiples

En présence de plusieurs voies de circulation, comme les autres usagers, le motard doit toujours se placer sur la voie la plus à droite correspondant à sa direction. Le marquage au sol l'informe de l'affectation des voies. Même en cas de circulation dense en agglomération, il est strictement interdit d'emprunter les voies réservées (couloirs de bus, pistes cyclables, bandes d'arrêt d'urgence).

Circulation en groupe

Contrairement aux cyclistes, les motards ne sont pas autorisés à circuler à plusieurs de front, même en l'absence de véhicules circulant en face. Les motos doivent se suivre en veillant à respecter une distance de sécurité suffisante pour éviter une chute collective. Hors agglomération, les motards circulant en groupe peuvent se placer en quinconce pour limiter les risques de collision.

COUSSIN DE SÉCURITÉ

En ville, le motard doit circuler au centre de sa voie. En se plaçant ainsi, il se constitue un coussin de sécurité pour se prémunir, notamment, des ouvertures de portières ou des écarts des piétons.

ROUTE

Hors agglomération, la moto doit être placée sur la partie droite de la chaussée, en évitant de s'approcher trop près de l'accotement et de ses dangers (gravillons, ornières, etc.).

DEUX VOIES

À moto comme en voiture, il faut toujours circuler sur la voie la plus à droite de la chaussée. La voie de gauche est destinée aux manœuvres de dépassement.

Rond-point et carrefour giratoire

De forme commune, les ronds-points et les carrefours giratoires permettent de fluidifier les intersections. Mais ils n'obéissent pas aux mêmes règles en matière de priorité.

Rond-point

La règle de la priorité à droite s'applique en l'absence de toute signalisation contraire. Ce qui signifie que les conducteurs circulant sur l'anneau doivent céder le passage à ceux qui s'insèrent sur le rond-point. Lorsque le rond-point dispose d'au moins deux voies, le motard peut – ce n'est pas une obligation – circuler sur la voie la plus à gauche pour faire le tour de la place. Il se replace ensuite sur la voie la plus à droite pour sortir de l'anneau, en utilisant son clignotant et en tournant franchement la tête pour vérifier l'angle mort.

Carrefour giratoire

L'anneau est systématiquement équipé d'une signalisation qui informe les conducteurs que la priorité à droite ne s'applique pas : un panneau « cédez le passage » et une ligne pointillée blanche à l'entrée du carrefour indiquent au motard qui souhaite s'y engager qu'il doit laisser passer les véhicules circulant déjà sur l'anneau.

ATTENTION

Règles pour sortir

Pour quitter un giratoire comportant plusieurs voies de circulation, le conducteur doit utiliser la voie située le plus à droite. Lorsque la sortie désirée se trouve en face ou sur le côté gauche du giratoire, il peut se rapprocher du centre, puis se rabattre sur la droite à l'approche de la sortie. En cas de doute sur la voie à emprunter, il doit rester sur la voie de droite.

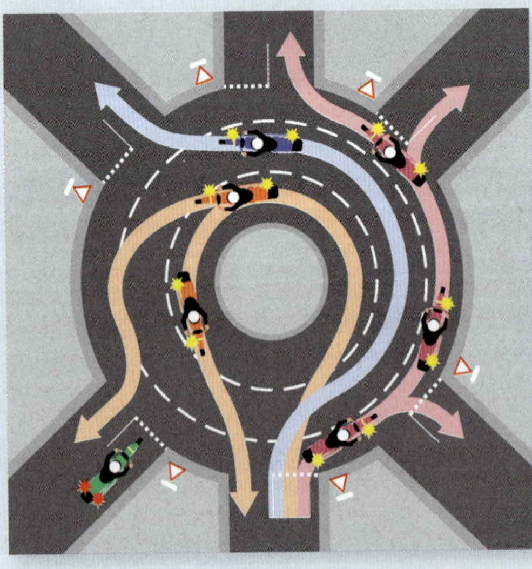

ENTRÉE

L'arrivée sur un carrefour giratoire s'effectue toujours à vitesse réduite, généralement sur la seconde vitesse, en portant le regard à gauche pour vérifier la présence de véhicules.

CIRCULATION

Le placement de la moto dépend de la direction suivie. Il faut ainsi se placer à l'intérieur du giratoire pour tourner à gauche.

SORTIE

Pour sortir d'un giratoire, le motard doit se placer sur l'extérieur de l'anneau, de manière à empêcher d'être dépassé par la droite, vérifier son angle mort gauche et mettre son clignotant.

Changement de direction

Avant tout changement de direction, le motard doit s'assurer que la voie qu'il veut emprunter n'est pas interdite. Il utilise son clignotant avant de débuter sa manœuvre.

Avant de tourner

Un changement de direction se prépare toujours à l'avance.

La manœuvre se décompose en quatre étapes :
- contrôler ses rétroviseurs ;
- tourner la tête à 90° pour contrôler l'angle mort ;
- utiliser son clignotant ;
- positionner sa moto pour virer.

Il faut aussi s'assurer que la manœuvre est possible en vérifiant que la signalisation n'interdit pas d'emprunter la voie désirée. Pour éviter de freiner brutalement et de surprendre les véhicules qui suivent, le motard doit anticiper sa manœuvre et ralentir à l'approche de l'intersection. Il s'assure qu'aucun deux-roues ne le déborde du côté vers lequel il s'apprête à tourner.

Clignotant

Peu avant d'engager sa manœuvre, le motard signale son intention aux autres usagers en utilisant son clignotant. Lorsque plusieurs voies transversales se succèdent, il faut utiliser son clignotant à l'approche de celle choisie après avoir passé les autres. Allumer trop tôt son clignotant entraîne une confusion chez les autres usagers, qui ne savent pas quand la moto va effectivement virer, et augmente le risque d'accident.

Respect des priorités

L'utilisation du clignotant est obligatoire mais elle ne confère aucun statut prioritaire. Le motard doit respecter les règles de priorité, notamment s'arrêter et céder le passage aux piétons lorsque la signalisation lumineuse leur accorde la priorité ou même lorsqu'ils sont déjà engagés sur la chaussée.

CLIGNOTANT

Même si la direction suivie ne laisse pas de doute pour les autres usagers, il faut systématiquement utiliser ses clignotants pour signaler un changement de direction.

INFORMATION

Le feu stop allumé et accompagné du clignotant droit informe les autres conducteurs de son intention. Surprendre le conducteur placé derrière la moto, par un brutal changement de direction, expose le motard à un risque de collision.

PIÉTONS

Les piétons sont prioritaires en toutes circonstances. Peu importe qu'ils traversent en dehors des passages prévus à cet effet ou qu'ils s'engagent au feu vert. L'utilisation du clignotant ne donne aucune priorité au motard.

Comment tourner ?

Pour virer à droite ou à gauche sans danger, il faut informer les autres usagers de son intention afin de ne pas les surprendre.

Tourner à droite

Il convient d'abord de se **déporter sur le côté droit** de sa voie de circulation **en vérifiant, dans le rétroviseur et en tournant la tête**, qu'aucun deux-roues (vélo, cyclomoteur) ne s'est intercalé entre la moto et le bord de la chaussée, puis utiliser son clignotant après avoir réduit sa vitesse.
Sur une chaussée composée de plusieurs couloirs de circulation, il faut se placer sur celui dont le marquage au sol – une flèche – est orienté vers la droite. En privilégiant toujours la voie la plus à droite lorsque plusieurs orientent vers cette direction.

Tourner à gauche

La manœuvre pour virer à gauche **est plus dangereuse car elle coupe la circulation** des véhicules venant en face et/ou gêne la fluidité de la circulation de la voie sur laquelle se trouve la moto.
Tout dépend de la configuration des lieux :
– sur une chaussée à sens unique, il faut se placer sur la partie gauche ;
– sur une route à double sens, il faut serrer à gauche sans empiéter l'axe médian de la chaussée et tourner derrière le véhicule circulant en face ;
– sur une route à 3 voies à double sens, il faut se placer sur la voie centrale ;
– sur une route composée de plusieurs voies, il faut emprunter le couloir de circulation équipé de flèches orientées vers la gauche.
En principe, il faut virer derrière les véhicules venant de face. Toutefois, sur certaines intersections, un marquage au sol signale qu'il s'agit d'un carrefour « à l'indonésienne » : il faut tourner devant le véhicule arrivant en face.

Danger

À une intersection, avant de s'engager sur la nouvelle voie, pour tourner à gauche comme à droite, **il faut vérifier qu'aucun véhicule n'est en train d'y effectuer un dépassement**, pour éviter une collision frontale. Le regard doit être porté aussi loin que possible, des deux côtés de la voie sur laquelle le conducteur va s'engager, pour examiner le trafic.

ATTENTION

Avant de tourner à droite, il faut s'assurer qu'aucun véhicule – scooter, vélo, trottinette, etc. – ne vient s'immiscer entre la moto et le trottoir.

PRUDENCE

En se plaçant face à la moto, ce conducteur masque les éventuels véhicules qui le suivent et qui pourraient surgir sur la gauche du motard. En pareille situation, le motard doit s'avancer avec grande prudence.

INTERSECTION

L'absence d'autres véhicules ne dispense pas le motard d'un arrêt complet au stop. Le temps, pour lui, de s'assurer que la voie est vraiment libre.

Le dépassement

Même si une moto dispose d'une forte accélération et d'une grande agilité, son conducteur doit s'assurer que sa manœuvre de dépassement s'effectuera en toute sécurité.

Préparation

La première vérification porte sur la signalisation en place avec l'absence de tout panneau interdisant de dépasser et de ligne continue au sol. Il faut ensuite s'assurer que toutes les conditions sont réunies pour effectuer la manœuvre :
– la route est droite et plane ;
– la visibilité est bonne sur une longue distance ;
– aucun véhicule n'arrive en face ni sur les voies perpendiculaires ;
– le véhicule que l'on veut doubler ne s'apprête pas lui-même à doubler un véhicule qui le précède ;
– aucun véhicule ne s'apprête à doubler la moto ;
– la place sera suffisante pour se rabattre en toute sécurité, sans gêner le véhicule dépassé.

Manœuvre

Il est inutile de tenter de dépasser un véhicule qui circule peu ou presque à la même vitesse que la moto : la distance nécessaire pour effectuer l'intégralité de la manœuvre sera beaucoup trop longue. Il faut que la différence de vitesse entre les deux véhicules soit de l'ordre de 15 à 20 km/h, sans possibilité de dépasser – même très ponctuellement – la vitesse maximale autorisée.
Le motard doit alors :
– vérifier ses rétroviseurs et tourner la tête à 90° pour contrôler l'angle mort à gauche ;
– allumer son clignotant gauche ;
– effectuer un dernier contrôle ;
– se déporter pour dépasser en maintenant une distance latérale de sécurité (1 mètre en ville et 1,5 mètre hors agglomération pour doubler un deux-roues ou un piéton) ;
– vérifier que la distance est suffisante avec le véhicule dépassé pour se rabattre ;
– contrôler l'angle mort à droite et allumer son clignotant droit avant de se rabattre progressivement.

Dépassement par la droite

En principe, une manœuvre de dépassement s'effectue exclusivement par la gauche. Il est toutefois autorisé de déborder par la droite un véhicule qui a signalé son intention de virer à gauche, avec son clignotant, et qui s'est déporté sur le côté gauche de sa voie de circulation.
Le motard peut alors passer à droite, si la place est suffisante, en veillant à ne pas empiéter sur une voie réservée à d'autres usagers (couloir de bus, piste ou bande cyclable) et sans emprunter le trottoir.

SÉCURITÉ

Même si la moto dispose d'un fort pouvoir d'accélération, il faut bien préparer sa manœuvre de dépassement pour pouvoir l'effectuer en toute sécurité.

FIN DE MANŒUVRE

Le motard doit veiller à ne pas se rabattre trop tôt devant le véhicule dépassé. Il faut attendre que celui-ci apparaisse dans le rétroviseur droit pour regagner la voie de droite.

PASSAGE

Dès lors que le conducteur du véhicule suivi informe de son intention de tourner à gauche, avec son clignotant, le motard peut le dépasser par la droite.

Circulation inter-files

Dans certaines régions ou sous certaines conditions, les motards sont autorisés à circuler entre deux voies de circulation pour remonter le flot de véhicules lorsque la circulation est ralentie.

Expérimentation temporaire

La circulation entre deux files n'est autorisée qu'à titre expérimental, pour une durée de 3 ans, dans 21 départements. Sont concernés les motards circulant en Île-de-France (Paris, Hauts-de-Seine, Seine-Saint-Denis, Seine-et-Marne, Yvelines, Essonne, Val-de-Marne et Val-d'Oise), dans la métropole de Lyon, dans les Alpes-Maritimes, les Bouches-du-Rhône, la Drôme, la Haute-Garonne, la Gironde, l'Hérault, l'Isère, la Loire-Atlantique, le Nord, les Pyrénées-Orientales, le Rhône, le Var et le Vaucluse.

Conditions préalables

La pratique de l'inter-files n'est possible que si plusieurs paramètres sont réunis :
– la chaussée est à sens unique avec un terre-plein central et dotée d'au moins deux voies de circulation dans chaque sens ;
– la limitation de vitesse sur la zone est comprise entre 70 km/h et 130 km/h ;
– la vitesse de la moto ne doit pas dépasser 50 km/h avec un différentiel maximal de 30 km/h avec les autres véhicules ;
– aucune des voies n'est en travaux, couverte de neige ou verglacée ;
– la largeur de la moto n'excède pas 1 mètre.

Conduite

Le motard qui circule entre deux files ne doit pas rouler à plus de 50 km/h et se placer entre les deux files les plus à gauche. Il faut évidemment que l'espace disponible entre les véhicules situés sur les deux files concernées soit suffisamment large pour permettre le passage de la moto. Faute d'espace suffisant, le motard doit rester sur l'une des deux files et ne peut pas forcer le passage en obligeant les véhicules à s'écarter pour le laisser progresser.

Prudence

Même avec une vitesse limitée à 50 km/h, la conduite inter-files est dangereuse car un des véhicules peut subitement se déporter pour changer de file alors que surgit la moto. Le plus grand risque du motard est de ne pas être vu par les autres usagers. En plein jour, le fait de circuler avec le feu de croisement ne garantit pas que le motard a bien été vu. Un court appel de phare ou d'avertisseur sonore (hors agglomération) permet de signaler sa présence. D'une manière générale, il faut porter le regard loin et vérifier qu'aucun véhicule à l'horizon n'a actionné son clignotant.

PRÉVOYANCE

Remonter entre les deux files de droite est un exercice périlleux qui nécessite de maîtriser parfaitement la conduite d'une moto. Ce qu'un jeune motard n'est pas nécessairement en mesure de faire.

SÉCURITÉ

La circulation inter-files n'est pas un droit absolu. Les conditions de circulation doivent permettre la manœuvre et n'autorisent pas le motard à forcer le passage.

VOIE DE GAUCHE

Sur un axe routier comportant trois voies ou plus, la circulation inter-files n'est pas autorisée sur les files les plus à droite. Le motard doit alors rester dans l'une des voies.

« Cédez le passage » et « stop »

Le panneau « cédez le passage » impose de laisser la priorité aux usagers venant de droite et de gauche. L'arrêt total de la moto est obligatoire en présence d'un panneau « stop ».

Signalisation en deux temps

Afin d'avertir les usagers de la proximité d'une intersection sur laquelle ils devront céder le passage, une double signalisation est implantée :
- un premier panneau est implanté 150 mètres en amont hors agglomération et à 50 mètres en ville ;
- un panneau de position est installé sur les abords de l'intersection.

Arrêt facultatif

Contrairement au panneau « stop », le panneau « cédez le passage » n'oblige pas les conducteurs à marquer l'arrêt à l'intersection. Si la voie est libre, avec l'absence de tout véhicule à proximité, le motard peut s'engager sans s'arrêter.

Accès à une route prioritaire

Lorsque ce panneau est implanté sur une voie d'insertion, il faut prendre progressivement de la vitesse pour s'insérer sur la route prioritaire en prenant soin de ne pas gêner les autres usagers.

Marquer l'arrêt au stop

En présence d'un panneau « stop », il est obligatoire de s'arrêter même si la route abordée est totalement vide. Ce panneau impose de :
- marquer un temps d'arrêt au niveau de la chaussée abordée ;
- céder le passage à tous les véhicules venant de gauche et de droite.

La signalisation verticale est systématiquement accompagnée d'un marquage au sol : une large ligne blanche transversale indique l'endroit où le véhicule doit s'immobiliser. Dans les rues à sens unique, cette bande transversale traverse toute la route.

Signalisation complémentaire

Pour alerter les conducteurs, le panneau « stop » est annoncé par un panneau placé 50 mètres en amont en ville et à 150 mètres hors agglomération.

PRIORITÉ

Le panneau indique de céder le passage à tous les véhicules venant de droite. Cette obligation ne concerne que la prochaine intersection.

ARRÊT FACULTATIF

Dès lors qu'aucun véhicule ne circule sur l'axe principal, l'arrêt à hauteur de la ligne pointillée est facultatif. Il faut néanmoins ralentir.

LIGNE BLANCHE

Lorsque la signalisation comporte un panneau stop et une ligne blanche transversale, la moto doit s'immobiliser à l'aplomb du marquage au sol.

Les règles de priorité

À une intersection, le motard doit respecter la signalisation de priorité en place. Faute de panneau, il doit céder le passage aux véhicules arrivant à sa droite.

⏭ Priorité à droite

En l'absence de signalisation, la priorité à droite s'impose à tous les usagers, quel que soit le type de véhicule utilisé (vélo, cyclomoteur, moto, auto, etc.). Généralement, l'absence de signalisation s'explique par l'étroitesse des voies et la faible densité de leur trafic. Il faut néanmoins ralentir à l'approche de l'intersection.

⏭ Règle de courtoisie

Lorsque plusieurs véhicules arrivent simultanément sur les différents axes de l'intersection et que chacun se trouve à la gauche d'un autre, l'ordre de passage est laissé à l'appréciation des conducteurs. La taille des véhicules n'a aucune importance.

⏭ Chemin de terre

Le fait de circuler sur une voie sans asphalte n'implique pas systématiquement la perte de la priorité à droite. Tout dépend de la nature de la voie :
– la règle s'applique sur un chemin appartenant au domaine public ;
– le conducteur circulant sur une voie privée doit céder le passage.

ATTENTION

Panneaux de priorité

Plusieurs panneaux indiquent une priorité.

Arrêt obligatoire à la limite de la chaussée abordée ; céder le passage à droite et à gauche.

Céder le passage à tous les véhicules venant de droite.

Céder le passage aux usagers venant de droite et de gauche.

Priorité ponctuelle à la prochaine intersection.

Céder le passage aux usagers circulant sur le carrefour giratoire.

Priorité à toutes les intersections rencontrées.

PRIORITÉ À DROITE

La priorité à droite est une règle fondamentale du code de la route. Elle s'applique systématiquement en l'absence de toute signalisation.

REGARD

Même en l'absence apparente de toute circulation, il faut surveiller les voies de droite pour s'assurer qu'aucun véhicule ne risque de surgir.

LIGNE POINTILLÉE

La ligne pointillée sur la chaussée informe les conducteurs que le véhicule à droite ne bénéficie pas de la priorité de passage.

Routes prioritaires

Les routes prioritaires permettent aux conducteurs de passer sans s'arrêter aux intersections. C'est aux véhicules circulant sur l'autre axe de s'immobiliser.

Prudence

Le fait de circuler sur une voie prioritaire ne protège pas le motard et ne le dispense pas de rester vigilant et d'adapter sa vitesse aux conditions de circulation. Le grand danger d'un motard est de penser avec certitude qu'il a bien été vu par les autres et que sa priorité de passage sera respectée.

Placement

Lorsque la configuration des lieux ne permet pas de s'assurer de l'absence de véhicules sur les routes perpendiculaires, il faut relâcher la poignée des gaz et se placer au centre de sa voie de circulation pour améliorer sa propre sécurité.

ATTENTION

Signalisation

Les conducteurs sont informés du régime de priorité dont ils bénéficient par rapport aux véhicules circulant sur les autres axes par le panneau « Route à caractère prioritaire » installé après chaque intersection.

Le panneau est répété tous les 5 km en rase campagne et tous les kilomètres en agglomération. S'il est accolé au panneau d'entrée en agglomération, le conducteur est prioritaire pendant la traversée de celle-ci.
Il peut être complété par un panonceau schéma qui désigne, à l'aide d'un trait large, la chaussée bénéficiant de la priorité. La branche verticale au bas du panonceau indique la chaussée sur laquelle se trouve le conducteur.

Le panneau barré d'un trait noir indique que la route perd immédiatement son caractère prioritaire. Lorsque ce panneau est implanté à l'entrée d'une agglomération, il faut céder le passage à droite à toutes les intersections ne disposant d'aucune signalisation particulière.

PRIORITÉ MAINTENUE

Le panneau prioritaire accolé à celui d'entrée dans l'agglomération informe le conducteur qu'il conserve la priorité durant toute la traversée de la commune.

RAPPEL DE PRIORITÉ

Le positionnement transversal du panneau permet d'informer les conducteurs qui abordent la chaussée de son caractère prioritaire.

FIN DE PRIORITÉ

La route empruntée n'est plus prioritaire et il faudra céder le passage aux véhicules venant de droite à la prochaine intersection.

Tramway et passages à niveau

En plus des traditionnels passages à niveau, le retour des tramways dans certaines grandes agglomérations a complexifié la circulation. La prudence s'impose.

Voies réservées

Il est interdit de circuler au milieu des rails sauf s'il s'agit d'une zone mixte, où la voie est partagée entre tous les types de véhicules. En pareil cas, le tramway bénéficie d'une priorité de passage absolue obligeant les autres conducteurs à s'arrêter et à libérer la voie.

Règle

Il est impératif de respecter la signalisation en place : un feu rouge clignotant alerte sur le passage imminent d'une rame et l'arrêt de tous les véhicules est obligatoire.
Comme pour une intersection que l'on s'apprête à traverser, il faut non seulement s'assurer qu'aucun tramway n'arrive mais aussi ne s'engager que si l'on est sûr de ne pas rester bloqué au milieu des voies.

Piège

Le motard doit se montrer vigilant lorsqu'il circule parallèlement aux rails afin de ne pas y coincer ses pneus. Comme les rainurages, le rail est néfaste à l'équilibre de la moto et facilite les chutes. Par ailleurs, l'acier devient glissant par temps de pluie.

Signalisation

La traversée d'une chaussée par des voies de chemin de fer est systématiquement signalée par des panneaux qui précisent la configuration du passage à niveau (nombre de voies, présence ou absence de barrières, barrières automatiques ou manuelles).
Trois balises informent de la distance à laquelle se situe le passage à niveau : 150 mètres, 100 mètres et 50 mètres.

Feu clignotant

Lorsque le feu rouge clignote, tous les conducteurs doivent impérativement s'arrêter même si les barrières ne sont pas totalement abaissées. Même à moto, avec une capacité d'accélération supérieure aux autres véhicules, il faut respecter ce feu clignotant. Dans la quasi-totalité des accidents, la responsabilité incombe au conducteur qui a forcé le passage en estimant – à tort – qu'il avait le temps de passer.

FEU ROUGE

L'arrêt est obligatoire dès que la signalisation lumineuse dédiée au tramway s'allume, signalant l'arrivée imminente d'une rame.

SIGNALEMENT

La proximité d'une voie de chemin de fer traversant la chaussée est systématiquement signalée. Les trois traits sur le panneau indiquent que le passage à niveau est à 150 mètres.

RAIL

La traversée des rails doit être effectuée avec la plus grande prudence. Le risque de glissage est important lorsque les rails sont humides.

Tunnel

Quels que soient sa configuration et son aménagement, un tunnel constitue une zone de danger qui, en cas de conduite irresponsable, peut conduire à une catastrophe.

⏭ Visibilité

L'entrée dans un tunnel, même s'il est parfaitement éclairé, modifie la luminosité et oblige l'œil à s'adapter. Durant quelques secondes, le motard peut ainsi être confronté à un « trou noir » et parcourir une centaine de mètres sans bien voir la route.

Il faut impérativement relever sa visière solaire ou retirer ses lunettes de soleil.

En sortie de tunnel, les conducteurs sont éblouis par la lumière du jour. Leur vision est troublée durant quelques secondes durant lesquelles le risque d'accident est grand, notamment si les distances de sécurité ne sont pas respectées.

⏭ Règles de conduite

La vitesse maximale autorisée est toujours abaissée et indiquée à l'entrée du tunnel puis régulièrement rappelée durant sa traversée.

Il faut également respecter la distance de sécurité. Elle est en principe fixée à 150 mètres et peut être matérialisée par des diodes de couleur bleue insérées dans la paroi droite du tunnel ou par des chevrons de couleur blanche peints sur la chaussée.

⏭ Manœuvres interdites

Pour d'évidentes raisons de sécurité, il est rigoureusement interdit :
- de faire demi-tour ;
- de s'arrêter ou de stationner, y compris sur l'accotement.

En cas de problème mécanique, il faut tenter de rejoindre un des emplacements d'arrêt d'urgence dont sont munis les tunnels.

⏭ Accident

La survenue d'un accident dans un tunnel peut avoir des conséquences dramatiques si l'on ne réagit pas correctement en appliquant certaines règles :
- ne pas s'immobiliser au milieu de la voie ;
- ne pas dépasser un véhicule en feu ou qui dégage une forte fumée ;
- ne pas coller le véhicule qui précède pour tenter de sortir plus vite du tunnel ;
- ne pas rester à côté de son véhicule immobilisé (il faut rejoindre un des abris et appeler les secours).

ANTICIPATION

Avant d'entrer dans le tunnel, il faut relever son écran fumé et ralentir, le temps que l'œil s'adapte à l'obscurité.

VISIBILITÉ

La vision de tous les conducteurs est altérée par la faible luminosité. Le motard doit s'assurer d'être bien perçu par les autres conducteurs.

ÉBLOUISSEMENT

La vision du motard peut être brouillée pendant quelques secondes par la clarté. Il faut ralentir et maintenir une distance de sécurité avec le véhicule qui précède.

1 La circulation routière

1

Sur autoroute, en règle générale, je dois circuler sur la voie la plus à droite :

A OUI **B** NON

2

Ce panneau me protège à la prochaine intersection :

A OUI **B** NON

3

La signalisation est implantée à cet endroit car le risque perçu par les usagers est faible :

A OUI **B** NON

4

En circulation, la présence du gilet de haute visibilité est obligatoire :

– à disposition pour être utilisé en cas de panne **A** OUI **B** NON

– sur le motard pour être visible des autres usagers **C** OUI **D** NON

5

Je suis bien placé :

– pour tourner à gauche **A** OUI **B** NON

– pour aller tout droit **C** OUI **D** NON

6

Je cède le passage :

A OUI **B** NON

1A / 2B / 3A / 4AD / 5AB / 6A

7

À la prochaine intersection, je vais devoir faire demi-tour :

A OUI　　B NON

8

La vitesse est limitée :

A à partir du panneau　　B à 150 m

9

Après ce panneau, j'aurai la priorité de passage :

A à toutes les intersections

B à la prochaine intersection uniquement

10

Je surveille les abords de la chaussée :

A à droite uniquement

B à gauche uniquement

C à droite et à gauche

11

J'ai le droit de tourner à droite à la prochaine intersection :

A OUI　　B NON

12

Sur ce trajet habituel, aucun animal n'est jamais présent. J'ignore ce panneau :

A OUI　　B NON

La circulation routière

13

Je suis autorisé à prendre une photo en m'arrêtant à droite :

A OUI — B NON

14

Je me prépare à céder le passage :

A OUI — B NON

J'adopte une conduite préventive en plaçant le pied droit sur le frein :

C OUI — D NON

15

Ces balises annoncent :

A un virage

B une région fréquemment enneigée l'hiver

16

En me plaçant sur la voie de gauche, je peux :

– dépasser A OUI B NON

– tourner à gauche C OUI D NON

17

L'usage des trottoirs est autorisé aux motos :

– pour circuler A OUI B NON

– pour stationner C OUI D NON

18

Circuler sur une voie réservée aux bus entraîne :

– une amende de 4e classe A OUI B NON

– un retrait de 3 points sur le permis

C OUI D NON

13B / 14BC / 15A / 16BC / 17BD / 18AD

19

J'ai le droit de m'arrêter sur la droite pour vérifier mon itinéraire :

A OUI **B** NON

20

Dans un carrefour giratoire, je peux me placer à l'intérieur pour :

– continuer tout droit **A** OUI **B** NON

– faire demi-tour **C** OUI **D** NON

21

Les radars sont implantés dans les zones où la perception des risques est la moins importante :

A OUI **B** NON

22

Le prochain virage est :

– à droite **A** OUI **B** NON

– à gauche **C** OUI **D** NON

23

Mon placement empêche d'autres usagers de passer sur ma droite :

A OUI **B** NON

Je suis bien placé : **C** OUI **D** NON

24

J'entre dans une zone 30 :

A OUI **B** NON

19B / 20BC / 21A / 22B / 23AC / 24B

25

Je vais rencontrer :

- **A** une intersection
- **B** une zone dangereuse
- **C** un passage à niveau

26

Pour tourner à gauche, je dois céder le passage en face :

A OUI **B** NON

27

Sur ce marquage jaune, je peux :

– circuler **A** OUI **B** NON

– m'arrêter **C** OUI **D** NON

28

Je circule actuellement :

– en feu de croisement **A** OUI

– en feu de route **B** OUI

Je suis en infraction : **C** OUI **D** NON

29

Circuler au milieu de la voie permet :

- **A** d'anticiper les ouvertures de portières
- **B** de rouler plus vite
- **C** d'être mieux perçu par l'usager devant

30

Le panneau m'indique que je suis protégé aux intersections :

A OUI **B** NON

25AB / 26A / 27AD / 28BD / 29AC / 30B

31

Une onde verte passe les feux au vert les uns après les autres : **A** OUI **B** NON

Pour en profiter, je dois respecter la limitation de vitesse : **C** OUI **D** NON

32

Je suis bien placé pour tourner à gauche :

A OUI **B** NON

Mon placement est une forme de communication : **C** OUI **D** NON

33

Après ce panneau, la vitesse sera limitée à :

A 80 km/h

B 90 km/h

34

Le feu est vert, je contrôle quand même l'intersection :

A OUI **B** NON

Les accidents sont plus graves aux intersections : **C** avec feux **D** sans feu

35

Lorsque je pousse ma moto en panne hors agglomération, je dois me positionner sur la chaussée :

A près du bord droit

B près du bord gauche

36

Le non-port de gants en circulation est sanctionné par :

A un retrait de points **B** une amende

Les passagers encourent les mêmes sanctions : **C** OUI **D** NON

31AC / 32BC / 33C / 34AC / 35A / 36ABD

La circulation routière

TEST EN SITUATION 1

Flashez le QR code

Visionnez la vidéo puis répondez à la question sur les panneaux de signalisation.

liennathan.fr/ip93p4

TEST EN SITUATION 2

Flashez le QR code

Visionnez la vidéo puis répondez à la question sur les intersections.

liennathan.fr/57n9uk

2 Le motard

PRISE D'INFORMATION

Regarder
Sélectionner les infos
Les risques à moto
Communiquer
Conduite nocturne

LA SANTÉ

La vue et l'ouïe
L'alcool
Médicaments et stupéfiants
Fatigue et somnolence
L'état psychologique

LES ACCIDENTS

Les chiffres
Les causes

TESTS — **TESTS EN SITUATION**

Regarder

Sur un deux-roues, dépourvu d'une carrosserie protectrice, la prise d'information est absolument indispensable pour détecter tous les dangers.

Vigilance

Le regard du motard doit balayer en permanence tout ce qui entoure la moto. Il faut donc déplacer rapidement les yeux entre la route et les à-côtés **pour observer tout l'environnement et se tenir prêt à réagir**. Le regard doit porter loin de manière à voir large pour éviter d'être surpris.
Le motard doit aussi régulièrement regarder dans ses rétroviseurs pour vérifier ce qui se passe à l'arrière de sa moto.

Sélection

Le cerveau ne peut pas analyser simultanément toutes les informations reçues. Avec **l'expérience accumulée** au fil des kilomètres, un **conducteur arrive à hiérarchiser ces informations** et à prendre d'abord en considération celles qu'il sait être les plus importantes pour circuler en sécurité.
Pour un motard débutant, la sélection n'est pas facile et s'ajoute à la maîtrise de sa moto.

Rapidité

Les yeux doivent être en perpétuel mouvement et ne pas se focaliser trop longtemps sur un point précis. Non seulement parce qu'**il est dangereux de quitter la route des yeux**, par exemple pour regarder son cadran ou ses voyants, mais aussi parce qu'un véhicule se déplace imperceptiblement vers l'endroit que le conducteur fixe avec insistance : la moto suit le regard.

Rétrécissement

À mesure que la vitesse augmente, le champ de vision rétrécit :
- vision panoramique de 180° à l'arrêt ;
- vision de 120° à 30 km/h ;
- vision de 100° à 40 km/h ;
- vision de 60° à 80 km/h ;
- vision de 30° à 130 km/h.

À mesure qu'il prend de la vitesse, le motard se retrouve « dans un tunnel » qui l'empêche de voir distinctement les accotements et les véhicules arrivant aux intersections.

VIGILANCE

Circuler sur une route dégagée ne dispense pas le motard de rester attentif et de respecter la limitation de vitesse en vigueur.

LECTURE

Faute d'expérience, un nouveau motard n'est pas toujours en mesure de lire correctement la signalisation en place. Avec le temps, il devient capable de sélectionner les plus importantes pour sa conduite.

VISION

À mesure que la vitesse de la moto augmente, le champ de vision du motard diminue. Il n'est notamment plus en mesure de voir les abords de la route.

Sélectionner les infos

Circuler à moto nécessite d'avoir tous les sens en éveil, à commencer par la vue, qui permet d'analyser tout ce qui entoure la moto et de s'adapter.

⏭ Regarder

La conduite d'une moto ne laisse pas place à la rêverie. Il faut sans cesse **regarder devant**, **derrière** et **sur les deux côtés de la chaussée**. L'expérience de la conduite permet d'emmagasiner un plus grand nombre d'informations et de réagir en conséquence. Durant les premiers mois de conduite, le néophyte doit donc redoubler de vigilance.

⏭ Anticiper

Un conducteur attentif à ce qui l'entoure évite d'être surpris et peut adopter le bon comportement face à une situation imprévue. **Être concentré permet de réagir immédiatement** lorsque survient un évènement imprévu – mais prévisible – comme, par exemple, un piéton qui traverse sans regarder, une voiture qui déboîte ou qui bifurque au dernier moment, une portière qui s'ouvre.

⏭ Agir

En analysant rapidement la situation, le motard prend la mesure qu'il considère comme étant **la mieux adaptée en fonction des circonstances** : freiner, accélérer, se déporter, utiliser son avertisseur sonore, etc. Circuler en ville, avec un trafic généralement dense, oblige le motard à prendre une multitude de décisions dans un laps de temps très court, et ce, très fréquemment.

⏭ GPS

Piloter une moto tout en suivant les instructions données par un GPS est un exercice délicat. Par intermittences, l'attention du motard n'est plus portée sur ce qui l'entoure mais par ce qu'il lit sur son écran. **Cette baisse de vigilance**, même de quelques secondes, **augmente considérablement le risque d'accident**.

ATTENTIF

Dans une circulation dense, le motard doit être particulièrement concentré pour réagir dès que nécessaire sans se faire surprendre.

MÉFIANCE

En ville, les changements de direction intempestifs de toutes sortes d'usagers sont fréquents. Il faut rester sur ses gardes et balayer sans cesse la rue du regard.

FREINAGE

Pour être pleinement efficace, un freinage doit aussi tenir compte de ce qui se passe à l'arrière de la moto. Des appels de feu stop peuvent permettre d'alerter le conducteur qui se trouve derrière.

Les risques à moto

La conduite d'une moto expose son pilote à un nombre de risques plus élevé que ceux encourus par un automobiliste.

Intersections

Les carrefours sont des lieux particulièrement dangereux pour les motards, non protégés par une carrosserie. L'un des principaux dangers est de penser que les autres usagers ont vu la moto et qu'ils vont en tenir compte. **Il faut impérativement ralentir à l'approche d'une intersection et s'assurer d'avoir été vu.** Le fait, par exemple, qu'un conducteur situé à droite regarde de l'autre côté peut signifier qu'il n'a pas vu le deux-roues. Hors agglomération, l'utilisation courte de l'avertisseur sonore peut être un moyen efficace de le prévenir de l'arrivée de la moto.

Changements de direction

Bien qu'obligatoire, l'utilisation des clignotants n'est malheureusement pas toujours respectée par tous les conducteurs. Ce manquement s'accompagne souvent de l'absence de vérification dans les rétroviseurs. Le motard doit donc **redoubler de vigilance** et se tenir prêt à **effectuer une manœuvre d'évitement en urgence**. De son côté, le motard doit utiliser systématiquement son clignotant, regarder dans ses rétroviseurs et tourner franchement la tête – à 90° et sans bouger le buste qui, lui, doit rester dans l'axe de la moto – pour voir les angles morts avant de changer de direction.

Dépassement

Le fait de bénéficier d'une forte accélération et d'une largeur réduite ne dispense pas le motard de **faire preuve de prudence** lorsqu'il s'apprête à effectuer une manœuvre de dépassement. Il faut s'assurer que la situation le permet :

– le conducteur qui va être dépassé ne prépare pas lui-même un dépassement ;
– aucun intersection d'où un véhicule pourrait surgir n'est à proximité ;
– la moto ne va pas elle-même être dépassée.

Une fois ces vérifications faites, le motard doit utiliser son clignotant avant d'entamer sa manœuvre.

CARREFOUR

Les intersections sont des lieux particulièrement dangereux pour les motards, dépourvus d'une carrosserie protectrice. Même avec le feu au vert, un carrefour s'aborde toujours à vitesse réduite.

CLIGNOTANT

À deux comme à quatre roues, il est impératif d'utiliser ses clignotants pour informer les autres usagers de ses intentions.
Les surprendre, c'est s'exposer à un accident.

DÉPASSEMENT

Un dépassement se prépare à l'avance, avec la vérification que toutes les conditions sont réunies pour effectuer la manœuvre sans risque, pour soi et pour les autres.

Communiquer

La route appartient à tout le monde et la partager avec civilité permet de circuler en sécurité et de manière apaisée.

Prévenir

En matière de conduite, il faut toujours s'assurer que **les autres ont bien compris la manœuvre que l'on veut effectuer afin de ne pas les surprendre**. Pour cela, la moto dispose de tout l'équipement nécessaire :
– les clignotants pour informer les autres usagers d'un changement de direction ;
– l'avertisseur sonore pour les avertir d'un danger imminent ;
– le feu stop que le motard peut faire clignoter pour attirer leur attention sur son freinage ;
– les feux de détresse (si la moto en dispose) pour alerter d'un fort ralentissement, d'une panne ou d'un accident ;
– les appels de phare pour signaler sa présence.

Convivialité et courtoisie

Une conduite apaisée permet de circuler sans stress ni agressivité et, ainsi, de profiter pleinement du plaisir de piloter une moto. Une attitude bienveillante se manifeste par des attitudes simples :
– laisser le passage à un véhicule déjà engagé alors qu'il n'est normalement pas prioritaire ;
– saluer de la main ou d'un hochement de casque les motards croisés ;
– remercier d'un geste de la main ou de la jambe les véhicules qui facilitent son passage ;
– éviter de coller le véhicule qui précède ;
– éviter de zigzaguer devant un autre véhicule ;
– ne pas faire vrombir le moteur à l'arrêt (feu rouge, stop, embouteillage, etc.).

Tolérance

Parce qu'il se sait fragile, un motard accepte difficilement les erreurs de conduite des autres usagers qui le mettent involontairement en danger. Face à une situation périlleuse, le motard doit s'efforcer de garder son sang-froid. **L'expérience acquise au fil des kilomètres permet souvent d'anticiper les erreurs commises par les autres conducteurs.** Des erreurs qu'un motard peut commettre lui-même aux dépens des autres. La route se partage.

FEU STOP

Il faut actionner le feu stop dès que nécessaire afin de ne pas surprendre les conducteurs qui suivent la moto. Des appels de feu stop peuvent améliorer leur vigilance.

SALUT

Dans le langage corporel motocycliste, le pied droit tendu permet de saluer ou de remercier les voitures ou motards croisés ou dépassés.

APPEL

En agglomération, si nécessaire, un bref appel de phare permet de se signaler aux autres conducteurs. L'avertisseur sonore est réservé aux situations d'urgence.

Conduite nocturne

Même avec une excellente vision, la conduite nocturne est plus dangereuse car les sensations sont faussées, entraînant rapidement une fatigue.

Utilisation des feux

Sauf pour les motos anciennes, l'allumage du feu de croisement avant et du feu rouge arrière se fait automatiquement. La circulation avec les feux allumés est obligatoire mais le motard dispose de plusieurs choix :
– le feu de route (portée minimale de 100 mètres) s'utilise hors agglomération ou en ville en l'absence d'éclairage public et toujours si aucun véhicule ne circule en face ;
– le feu de croisement (portée minimale de 30 mètres) s'utilise sur route ou agglomération éclairée et en présence d'autres véhicules à proximité (la moto suit une voiture, une voiture arrive en face ou lorsque la moto va être dépassée) ;
– le feu de position (portée minimale de 150 mètres) s'utilise pour un arrêt ou un stationnement nocturne sur la chaussée.
Il est possible d'équiper sa moto de feux de brouillard avant et arrière.
À l'abord d'un virage, il faut ralentir car le feu d'une moto n'éclaire que l'axe de l'engin, avec le risque de découvrir au dernier moment un obstacle à la sortie du virage.

Voir

En conduite de nuit, hors agglomération, la prudence est de mise car la perception de la route est très différente : le motard découvre tardivement la configuration de la chaussée (sinuosité, état de l'asphalte, humidité, etc.) et son appréciation de la vitesse et des distances est faussée.
Pour éviter d'être ébloui par les feux des véhicules venant de face, il faut regarder au loin le bord droit de l'accotement.
Le casque doit obligatoirement avoir ses quatre stickers réfléchissants.

Être vu

La visibilité d'une moto est moins grande que celle d'un véhicule à quatre roues ou plus. Le motard peut compléter l'éclairage de son véhicule en portant lui-même un gilet ou un brassard rétroréfléchissant.
À l'approche d'une intersection ou d'un virage serré, faire un appel de phare permet de signaler sa présence aux autres usagers.

AGGLOMÉRATION

En présence d'un éclairage public, le motard peut se contenter de circuler en feux de position.

FEUX DE CROISEMENT

Si l'éclairage public est inexistant ou insuffisant pour assurer une bonne visibilité, il faut utiliser les feux de croisement.

FEUX DE ROUTE

Hors agglomération, le manque de visibilité et l'absence de véhicule circulant en sens inverse autorisent le conducteur à utiliser ses feux de route.

La vue et l'ouïe

Une bonne vue est absolument indispensable au guidon pour distinguer la route et son environnement afin de prendre les bonnes décisions en toutes circonstances.

Acuité minimale

Il faut avoir **une acuité visuelle d'au moins 5/10e pour l'ensemble des deux yeux**. Ce seuil doit être atteint avec ou sans correction (lunettes ou lentilles de contact). Si un œil souffre d'une acuité inférieure à 1/10e, l'autre œil doit avoir une vision d'au moins 5/10e.

Mention sur le permis

En cas de correction de la vue, une mention est portée au verso du permis de conduire :
- 01.01 si le motard porte des lunettes correctrices ;
- 01.02 s'il porte des lentilles de contact.

Sauf mention contraire sur le permis, les porteurs de lentilles ne sont pas obligés de posséder, en plus, une paire de lunettes correctrices de secours mais cette précaution est fortement recommandée pour pallier tout problème ;
- 01.06 s'il porte indifféremment des lunettes correctrices ou des lentilles de contact.

Vision nocturne

De nuit, il est interdit de conduire avec des lunettes aux verres foncés (même s'il s'agit de verres correcteurs) ni même avec une visière teintée.

L'ouïe

L'obtention du permis moto n'impose pas de bénéficier d'une audition parfaite. Le port d'un appareillage auditif n'est pas mentionné sur le permis et n'en limite pas la durée de validité. Toutefois, une bonne audition permet de bien assimiler les informations environnantes (sirènes, avertisseurs sonores, etc.).

Inversement, il est autorisé de porter des bouchons d'oreilles pour limiter le bruit du moteur et du vent et prévenir ainsi d'éventuelles lésions auditives qui peuvent être définitives :
- 85 décibels : seuil de danger ;
- 90 décibels : seuil atteint par une moto circulant à 100 km/h ;
- 100 décibels : seuil atteint à 130 km/h ;
- 120 décibels : seuil de douleur.

Il est interdit de modifier le pot d'échappement, notamment en retirant la chicane qui se trouve à l'intérieur et qui sert à réduire le bruit.

VISION

Les porteurs de lentilles de contact doivent avoir sur eux une paire de lunettes de rechange en cas de problème.

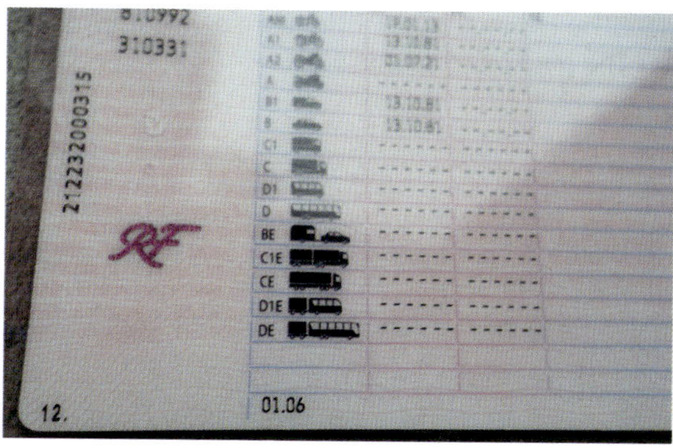

MENTION

Les restrictions de conduite sont mentionnées au verso du permis de conduire. Comme, par exemple, l'obligation de porter soit des lunettes correctrices, soit des lentilles de contact, ou bien indifféremment l'un ou l'autre.

BRUIT

Il est interdit de modifier le pot d'échappement pour en augmenter la sonorité. Circuler avec un pot non homologué expose le conducteur à l'immobilisation immédiate de sa moto.

L'alcool

La consommation d'alcool, absolument incompatible avec la conduite d'une moto, est mesurée selon un taux légal variable en fonction de l'ancienneté du permis.

Dépistage

Il existe **plusieurs appareils de contrôle du taux d'alcoolémie** d'un conducteur :
– éthylotest chimique : appareil digital simple, à usage unique, mesurant le taux d'alcool dans l'air expiré avec un réactif qui vire au vert au contact d'un certain niveau d'alcool ;
– éthylotest électronique : sur cet appareil réutilisable, le taux d'alcoolémie s'affiche directement sur le boîtier ;
– éthylomètre : appareil plus précis qui mesure avec exactitude le taux d'alcool dans l'air expiré par le conducteur ;
– prise de sang : lorsque l'état de santé du conducteur ne permet pas d'utiliser un éthylomètre ou lorsqu'il refuse de s'y soumettre.

Alors qu'un éthylotest positif constitue une simple présomption de consommation d'alcool, le résultat d'un éthylomètre a valeur probante devant les tribunaux et ne peut pas être contesté.

Deux taux légaux

Pour les conducteurs novices, titulaires d'un permis depuis moins de 3 ans (2 ans en cas d'apprentissage anticipé à la conduite avec le permis B), le taux légal d'alcoolémie est fixé à 0,2 gramme par litre de sang.

Pour les autres conducteurs, le taux légal est fixé à 0,5 g/l. Ce taux s'applique au motard qui vient d'obtenir son permis A2 mais qui possède le permis B depuis 3 ans (2 ans dans le cadre de l'apprentissage anticipé à la conduite).

Effets sur le motard

La consommation d'alcool avant la conduite, notamment, **diminue le champ de vision, augmente la sensibilité à l'éblouissement, allonge le temps de réaction, fausse l'appréciation de la vitesse et des distances.** L'effet euphorisant que peut provoquer l'alcool amène le motard à commettre des erreurs (excès de vitesse, perte d'équilibre, prise de risques inconsidérée, etc.) ou à avoir un comportement agressif.

Quantité absorbée

L'alcoolémie est mesurée par la quantité d'alcool pur contenue dans un litre de sang et exprimée en gramme d'alcool par litre de sang (g/l) ou bien en milligramme d'alcool par litre d'air expiré (mg/l).

Par équivalence, un taux de 0,40 g/l de sang correspond à 0,20 mg/l d'air.

Un verre de bière de 25 cl correspond à un verre de vin de 12 cl et à un verre d'alcool distillé de 40° de 3 cl. Ils contiennent tous environ 10 g d'alcool pur et **il suffit de 2 verres pour atteindre le seuil de 0,50 g/litre de sang.**

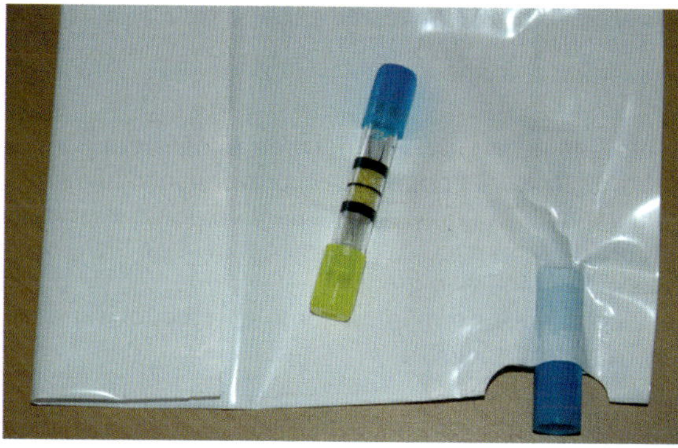

ALCOOTEST

L'air insufflé dans le ballon traverse un tube contenant un réactif chimique de couleur jaune qui vire au vert au contact de l'alcool.

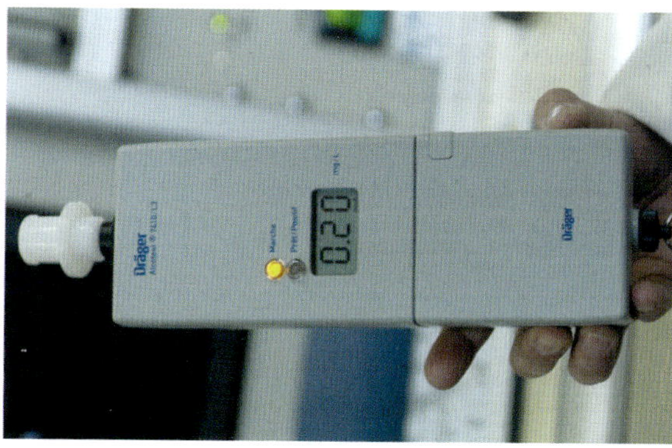

ÉTHYLOTEST

Le conducteur souffle dans un appareil électronique (dont l'embout est remplacé à chaque mesure) qui affiche directement l'alcoolémie.

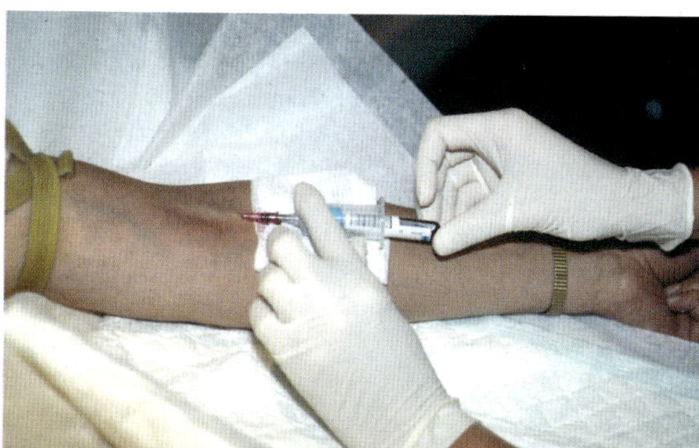

PRISE DE SANG

Une prise de sang est effectuée lorsque le conducteur refuse de se soumettre à un dépistage ou lorsqu'il est dans l'incapacité de le faire (blessé ou inconscient).

Médicaments et stupéfiants

Suivre un simple traitement médical ou consommer des produits stupéfiants peut gravement altérer les capacités de conduite du motard.

Médicaments

Certains médicaments, même anodins et délivrés sans ordonnance, peuvent avoir un **effet néfaste sur la conduite** en provoquant notamment des vertiges, une somnolence ou une perte d'attention. Il est important de **se renseigner** auprès du pharmacien ou du médecin et de bien lire la notice d'utilisation avant de prendre le guidon.

La consommation concomitante de médicaments et d'alcool multiplie considérablement les risques d'accident.

Pictogramme

Sur toutes les boîtes de médicaments figure un pictogramme alertant sur leur compatibilité avec la conduite d'une voiture ou d'une moto :

- niveau 1 ;
- niveau 2 ;
- niveau 3.

Stupéfiants

La consommation de drogue est également incompatible avec la conduite en sécurité d'une moto. Elle entraîne notamment une diminution des réflexes, une baisse de la concentration, des pertes d'équilibre… insurmontables pour piloter un deux-roues motorisé.

Ces effets psychomoteurs sont plus marqués et donc plus dangereux que l'alcool. Par exemple, fumer deux cigarettes de cannabis diminue les facultés de conduite de manière équivalente à un taux d'alcoolémie de 0,5 g/litre de sang.

En cas de dépistage positif, les sanctions encourues sont lourdes (4 500 € d'amende et jusqu'à 2 ans d'emprisonnement).

APTITUDE

La conduite d'une moto nécessite d'être au maximum de ses capacités physiques et psychiques. Ce qui n'est pas possible avec la consommation de certains médicaments, même délivrés sans ordonnance.

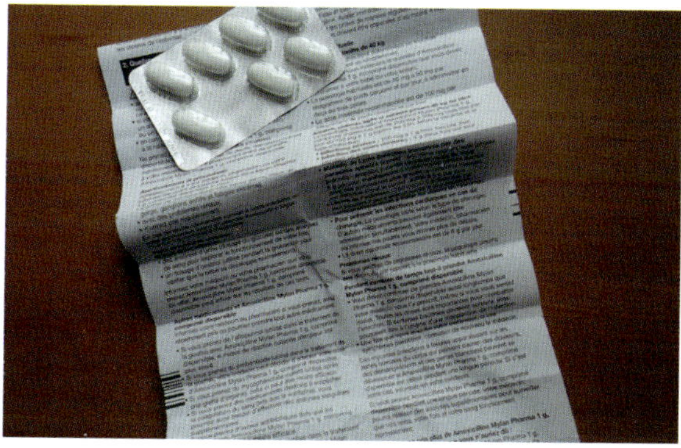

NOTICE

Avant de prendre le guidon de sa moto, il faut lire attentivement les éventuelles contre-indications à la conduite mentionnées dans la notice du médicament.

DROGUE

La consommation, même occasionnelle, de produits stupéfiants est absolument incompatible avec la conduite d'une moto. Le motard n'est plus en mesure de maîtriser sa machine.

Fatigue et somnolence

La fatigue multiplie jusqu'à quatre fois le risque d'accident car un motard qui n'est pas en pleine possession de tous ses moyens s'expose aux dangers.

Exigences

La conduite d'une moto requiert **des capacités physiques élevées** pour résister au froid, au vent, à la pluie, au bruit, aux vibrations, etc. Le motard doit également **être parfaitement concentré** pour analyser en permanence son environnement et prendre toutes les mesures nécessaires à sa sécurité. Autrement dit, il doit être dans un parfait état de santé physique et psychologique car la conduite peut participer à l'altérer au bout d'un certain temps.

Signes

Les premiers signes de fatigue interviennent plus ou moins rapidement selon les individus. Les motards débutants sont généralement confrontés à la fatigue plus rapidement que les plus aguerris.
Les symptômes sont variables : **douleurs** dans le dos, **picotement** des yeux, besoin de **changer de position**, **raideur de la nuque**, **lourdeur** de la tête, etc.

Conséquences

Un conducteur – automobiliste ou motard – fatigué a tendance à augmenter inconsciemment sa vitesse pour arriver plus vite, alors même que ses capacités se détériorent. Certains font preuve d'agressivité à l'égard des autres usagers… à qui ils reprochent leur mauvaise conduite.
Dès les premiers symptômes de la fatigue, **il faut s'arrêter pour faire une pause et boire de l'eau**, se dégourdir les jambes et faire des assouplissements, voire faire une sieste.

Somnolence

On ne peut pas lutter contre la fatigue. Continuer de circuler en étant fatigué expose au risque de somnolence, redoutable à moto. Statistiquement, ce risque augmente entre 13 h et 15 h et entre 2 h et 5 h du matin. Pour éviter les risques, des mesures simples peuvent être appliquées :
- bien dormir les jours précédant le voyage ;
- éviter de partir après une journée de travail ;
- ne pas manger trop gras et ne pas consommer d'alcool.

HALTE

Quelle que soit l'expérience du motard, les premiers signes de fatigue surviennent généralement après 2 ou 3 heures de conduite.

PAUSE

Dès les premiers signes de fatigue, il faut faire une pause d'au moins une trentaine de minutes, le temps de récupérer ses capacités.
Boire de l'eau et se dégourdir les jambes permet de se remettre en forme.

NUIT

La conduite nocturne exige plus encore du motard. Il faut partir en pleine possession de ses moyens, bien reposé pour prévenir le risque de somnolence contre lequel personne ne peut lutter.

L'état psychologique

Être bien dans sa tête permet de piloter sa moto dans les meilleures conditions pour apprécier la conduite d'un deux-roues et pour circuler en sécurité.

Stress

Le manque d'expérience de la conduite d'une moto peut être une source d'angoisse pour un nouveau motard. Le manque de confiance empêche parfois de prendre les bonnes décisions au bon moment. Mieux vaut alors prendre le temps de maîtriser sa machine par des petits trajets sur des parcours que l'on connaît bien avant de se lancer dans de plus longs périples.

Euphorie

Inversement, une trop grande confiance en soi et en ses qualités de motard peut engendrer de graves désillusions. **Les motards trop sûrs d'eux prennent des risques et en font courir aux autres :** vitesses trop élevées, freinages tardifs, slaloms entre les voitures, etc. Omettre de tenir compte de son environnement (densité du trafic, état de la chaussée, état de la moto, etc.) aggrave le risque d'accident.

Préoccupations

Les tracas de la vie quotidienne peuvent également avoir un effet néfaste sur la conduite. La perte d'un emploi, la maladie d'un proche, une rupture amoureuse… autant d'évènements qui risquent d'altérer la concentration du motard. Il faut être capable de maîtriser ses émotions dès que l'on est au guidon de sa moto.

Raison

Pour sa sécurité, le motard doit s'efforcer de toujours garder la tête froide. Par exemple, en ne se laissant pas influencer par les autres motards lors d'une virée en groupe. L'émulation entre les pilotes peut parfois les amener à vouloir rouler plus vite que les autres. Avec une prise de risque à laquelle, d'ordinaire, le motard ne s'expose jamais.

ZEN

Dans la mesure du possible, il faut faire abstraction de ses soucis lorsqu'on enfourche sa moto. Ceci afin d'être uniquement focalisé sur sa conduite et de faire attention à la conduite des autres conducteurs.

COURTOISIE

Se montrer agressif au guidon envers les autres usagers est le signe d'un état psychologique fragile, inadapté à la conduite d'une moto en toute sécurité.

CONTRÔLE DE SOI

Il ne faut jamais se laisser griser par le plaisir de conduire une moto. Les pertes de contrôle, possiblement mortelles, sont souvent dues à un excès de confiance en ses capacités.

Les chiffres

Conduire une moto, c'est s'exposer à un risque d'accident matériel ou corporel beaucoup plus élevé que celui encouru par les conducteurs d'autres types de véhicules. Il ne faut jamais l'oublier.

Statistiques

En matière d'accidentologie, **les chiffres parlent d'eux-mêmes** :
– à kilométrage égal, le risque de se tuer à moto, par rapport à un véhicule de tourisme, est 22 fois plus élevé ;
– les motards représentent 2 % du trafic mais 20 % des tués ;
– la part des motards tués de nuit est de 30 % ;
– la part des motards impliqués dans un accident mortel avec un taux d'alcoolémie supérieur au taux légal est de 20 % ;
– dans près de 40 % des cas, les motards se tuent sans tiers en cause ;
– les routes les plus dangereuses pour les motards sont les routes départementales et nationales ;
– les accidents en virage représentent 40 % des accidents mortels ;
– en agglomération, les accidents aux intersections occasionnent 35 % des décès de motards.

Profil

Les chiffres des accidents de la route permettent de dresser un portrait-type du motard blessé ou tué :
– près d'un motard sur 10 impliqué dans un accident de la route a moins de 6 mois d'expérience ;
– plus de 90 % des tués sont des hommes, les femmes tuées étant majoritairement passagères ;
– les jeunes de 18-34 ans représentent 40 % des tués ;
– les conducteurs de motos d'une cylindrée de plus de 800 cm^3 représentent près de 40 % des tués.
Par ailleurs, l'arrivée des beaux jours et d'une météo clémente contribue à l'augmentation du nombre de motos en circulation et, donc, du nombre d'accidents.

Machine

Sans surprise, la cylindrée de la moto constitue un paramètre en matière d'accidentologie. **La majorité des accidents mortels survient au guidon d'une moto puissante.** Près de 70 % des motards décédés pilotaient une moto d'au moins 600 cm^3, dont 40 % environ circulaient à bord d'un deux-roues de plus de 800 cm^3.

ACCIDENT

La part des motards figurant dans les statistiques d'accidents de la route est disproportionnée par rapport au nombre total de conducteurs.

CIRCULATION

Dépourvue de carrosserie protectrice, une moto est particulièrement vulnérable dans une circulation dense. Sa présence n'est pas toujours décelée par les automobilistes.

VITESSE

Les capacités d'accélération et de vitesse d'une moto ne doivent pas enivrer le motard, sous peine de l'exposer à un accident, souvent mortel.

Les causes

L'origine d'un accident en deux-roues peut tout aussi bien résulter du comportement du motard lui-même que d'une erreur d'un autre usager, avec des conséquences souvent dramatiques.

Perte de contrôle

Le motard accidenté ne peut pas toujours incriminer les autres. La cause principale des accidents en deux-roues est **la perte de contrôle de la moto**, due à une vitesse inadaptée aux circonstances :
– vitesse trop élevée à l'entrée d'un virage ;
– sortie de route pour éviter au dernier moment un obstacle (animal, trou, etc.) ;
– glissage après un freinage trop appuyé sur une chaussée humide (plaque d'égout, marquage au sol, etc.).

Le manque d'expérience au guidon d'une moto et/ou une confiance excessive dans ses qualités de pilotage contribuent au risque d'accident.

Collision

Les conséquences d'un choc, frontal ou latéral, entre une moto et une voiture sont généralement dramatiques pour le motard. La plupart des collisions sont dues à une erreur humaine émanant de l'autre conducteur impliqué qui n'a pas vu la moto ou qui n'a pas correctement appréhendé son approche.

Les situations sont multiples : le véhicule que le motard dépasse se lance lui aussi dans un dépassement et déboîte sans regarder, une voiture circulant dans l'autre sens se déporte pour dépasser ou pour tourner à gauche et coupe la route, le panneau « cédez le passage » n'est pas respecté par un conducteur circulant sur une route secondaire, etc.

À moto, il faut systématiquement douter que les autres usagers m'ont bien détecté et redoubler de prudence à leur approche.

Inaptitude

La consommation d'alcool et/ou de stupéfiant est l'une des causes principales d'accident. Près de 20 % des motards tués avaient une alcoolémie supérieure au taux légal et près de 20 % avaient consommé de la drogue. Dans les deux cas, les motards n'étaient pas en état de maîtriser un engin qui nécessite d'être en pleine possession de ses moyens physiques et psychiques.

Par ailleurs, en période probatoire, le taux maximum d'alcoolémie toléré est de 0,20 g/l. Au-delà, le motard se voit retirer 6 points et perd donc son permis.

VIRAGE

Il faut adapter son placement et sa vitesse bien avant d'aborder une courbe, sous peine de sortir de la route du fait de la force centrifuge.

DISTANCE

Circuler trop près du véhicule qui précède, c'est risquer une collision en cas de freinage brutal. Une moto freine moins efficacement qu'une voiture.

CROISEMENT

Le croisement d'un véhicule de grande dimension provoque un appel d'air qui peut déstabiliser le motard. Celui-ci doit serrer le réservoir avec ses cuisses et tenir fermement son guidon.

2 Le motard

1

Dans ce virage à droite, l'inclinaison est provoquée en poussant le guidon :

A à droite **B** à gauche

L'effet gyroscopique augmente avec la vitesse : **C** OUI **D** NON

2

Sur l'ensemble des deux yeux, l'acuité en vision de loin pour conduire une moto doit être au minimum de :

A 7/10e **B** 8/10e **C** 5/10e

3

A Je m'avance davantage

B Je reste où je suis

4

Si je suis contrôlé(e) avec un taux de 0,30 g/l de sang en période probatoire, je risque une perte de :

A 3 points **B** 6 points **C** 9 points

5

Il est toujours possible et sans risque de circuler aux vitesses maximales autorisées :

A OUI **B** NON

6

Cette paire de baskets est adaptée pour effectuer de courts trajets :

A OUI **B** NON

1AC / 2C / 3B / 4B / 5B / 6B

Tests

7

Je me rapproche du centre de ma voie :

A OUI B NON

Je regarde le poids lourd :

C OUI D NON

8

Pour m'arrêter au feu, j'aurai besoin de solliciter l'ABS :

A OUI B NON

9

Lorsque je sollicite le frein moteur, je dois également actionner l'un de mes freins :

A OUI B NON

10

La distance de freinage la plus courte s'obtient à l'aide :

A du frein avant seul B des deux freins

Le frein le plus efficace est le frein :

C avant D arrière

11

L'équipement du motard est obligatoire lors de la formation initiale du permis de conduire. Par la suite, je peux décider ponctuellement de m'en passer :

A OUI B NON

12

Un freinage sur l'angle s'effectue dans les mêmes conditions qu'un freinage en ligne :

A OUI B NON

7BD / 8B / 9A / 10BC / 11B / 12B

Le motard

13

L'équipement du motard permet d'améliorer sa visibilité auprès des autres usagers : A OUI B NON

14

Dans une situation d'urgence, la distance de freinage à 60 km/h, par rapport à 30 km/h, est :
A 2 fois plus longue B 4 fois plus longue

15

Le choix du casque dépend de la morphologie du motard :
A OUI B NON

Un casque à ma taille réduit le champ visuel horizontal : C OUI D NON

16

Le risque qu'un véhicule se déporte vers moi est :
– à gauche A OUI B NON
– à droite C OUI D NON

17

Je suis sûr que le conducteur de ce véhicule m'a vu :
A OUI B NON C Je ralentis
D Je cherche à croiser le regard du conducteur

18

La présence de ces feux de signalisation, actuellement au vert supprime le risque qu'un véhicule arrive de la droite ou de la gauche :
A OUI B NON

13A / 14B / 15AD / 16AC / 17BCD / 18B

19

Lorsque je me positionne sur la moto en marche normale, mes bras doivent être tendus :

A OUI B NON

20

L'absence de clignotant sur un carrefour giratoire est source :

– de conflit : A OUI B NON

– d'accident : C OUI D NON

21

Sur cette entrée de giratoire en courbe :

A J'anticipe en relâchant l'accélérateur

B Je freine fortement avec le frein avant

C Je freine fortement avec le frein arrière

22

Environ 30 % des motards tués le sont en agglomération :

A OUI B NON

23

Avant de poser la moto sur la béquille, je m'assure de la résistance au sol :

A OUI B NON

24

Cette rue dépourvue de circulation :

A ne présente aucun danger

B peut présenter un danger

19B / 20AC / 21A / 22A / 23A / 24B

25

La nuit, l'appréciation de la vitesse est faussée :

A OUI B NON

26

À kilométrage égal, le risque de se tuer à moto, par rapport à un véhicule de tourisme, est :

A 5 fois plus élevé
B 12 fois plus élevé
C 22 fois plus élevé
D 40 fois plus élevé

27

Je suis protégé par ce stop :

A OUI B NON

Je ralentis :

C OUI D NON

28

L'intervalle de sécurité est suffisant :

A OUI B NON

29

Sur ce croisement dangereux, j'adapte en premier :

A mon allure
B mon placement

30

Le placement du motard est adapté :

A OUI B NON

25A / 26C / 27BC / 28B / 29A / 30B

31

Pour freiner ici, je privilégie :

A le frein avant B le frein arrière

L'ABS empêche tout risque de dérapage :

C OUI D NON

32

La part des motards impliqués dans un accident mortel et ayant un taux d'alcool supérieur au taux légal est de :

A 20 % B 40 % C 60 %

33

Les motards représentent :

A moins de 2 % du trafic

B 10 % du trafic

C près de 10 % des tués

D près de 20 % des tués

34

Pour tourner à droite, je me positionne sur la gauche de ma voie : A OUI B NON

Aux intersections, je me positionne selon la trajectoire de sécurité :

C OUI D NON

35

En conduite de nuit, il est plus compliqué :

– d'évaluer les distances et les vitesses :

A OUI B NON

– de détecter les indices : C OUI D NON

36

Lors d'un freinage d'urgence, les motos freinent plus court que les voitures :

A OUI B NON

À 50 km/h, la différence est en moyenne de : C 3 m D 10 m

31BD / 32A / 33AD / 34BD / 35AC / 36BC

TEST EN SITUATION 1

Flashez le QR code

Visionnez la vidéo puis répondez à la question sur les risques d'accident.

liennathan.fr/24ncn5

TEST EN SITUATION 2

Flashez le QR code

Visionnez la vidéo puis répondez à la question sur les tunnels.

liennathan.fr/v48d5u

3 La route

LA VITESSE

- Limitations de vitesse
- Réduction de vitesse
- Temps de réaction
- Distances de freinage et d'arrêt

LES CONDITIONS CLIMATIQUES

- Pluie
- Brouillard
- Vent
- Neige et verglas

VOIE RAPIDE ET AUTOROUTE

- Accès et sorties
- Accès et péage
- Circulation
- Dépassements
- Manœuvres interdites

TRAJECTOIRES ET STABILITÉ

- Effet gyroscopique
- Virage
- Freinage

TESTS — **TESTS EN SITUATION**

Limitations de vitesse

Les vitesses maximales autorisées varient selon le réseau routier et les conditions climatiques. Le motard doit les respecter mais aussi s'adapter aux conditions de circulation.

Seuils légaux

	Temps clair	Temps de pluie	Visibilité < 50 mètres
Autoroutes	130 km/h	110 km/h	50 km/h
Routes à chaussées séparées	110 km/h	100 km/h	50 km/h
Routes à 3 voies séparées	90 km/h	80 km/h	50 km/h
Routes	80 km/h	80 km/h	50 km/h
Agglomération	50 km/h	50 km/h	50 km/h

Vitesses maximales sur routes

Depuis le 1er juillet 2018, la vitesse maximale autorisée **est ramenée de 90 km/h à 80 km/h sur les routes à double sens de circulation sans séparateur central** (terre-plein, glissière de sécurité). Cette limitation s'applique à tous les conducteurs, quelle que soit l'ancienneté et la nature de leur permis (A, B, C, D, E) ainsi que par temps de pluie.
Par dérogation, les conseils départementaux peuvent maintenir la vitesse maximale à 90 km/h sur certaines portions jugées non dangereuses.
La vitesse maximale autorisée reste fixée à 90 km/h ou 110 km/h sur les routes à deux fois 2 voies et sur les routes à 3 voies munies de zones de dépassement sécurisées, sauf signalisation contraire.

Énergie cinétique

La vitesse produit une **force**, appelée **énergie cinétique**, qui augmente beaucoup plus rapidement que la vitesse elle-même. L'énergie cinétique (Ec), qui détermine notamment la distance de freinage et la violence d'un choc, augmente avec la masse du véhicule et le carré de la vitesse.
Par exemple, en roulant deux fois plus vite, le conducteur multiplie l'énergie cinétique par 4 et par 9 si son véhicule roule 3 fois plus vite.

Force centrifuge

Dans un virage, la force centrifuge pousse la moto vers l'extérieur en fonction de son poids, de la vitesse et du rayon du virage. Elle est proportionnelle au carré de la vitesse.
Autrement dit, si la vitesse de passage dans un virage est multipliée par 2, la force centrifuge est multipliée par 4.

AGGLOMÉRATION

Même si aucune habitation ne borde la chaussée,
la limitation de vitesse à 50 km/h ne prend fin qu'au panneau indiquant la sortie de l'agglomération.

ROUTE

La vitesse maximale autorisée sur route peut être relevée sur décision du conseil départemental.
En l'absence de panneau, il faut circuler à 80 km/h.

AUTOROUTE

Sauf signalisation contraire plus contraignante,
la vitesse est limitée à 130 km/h sur les autoroutes par temps sec.

Réduction de vitesse

Un accident mortel sur deux est dû à une vitesse inadaptée. Accepter de réduire sa vitesse de 5 km/h, c'est réduire de 20 % le nombre de tués sur les routes.

Adaptation

Il n'est jamais obligatoire de circuler à la limite des vitesses maximales autorisées. **Le conducteur doit adapter son allure aux conditions rencontrées** (configuration de la route, état de la chaussée, densité du trafic, conditions météo, etc.) et ne pas hésiter à rouler en deçà des vitesses autorisées.

Signalisation

Il faut ralentir :
– lorsqu'un panneau signale un danger quelconque ;
– à l'approche des feux tricolores, qui peuvent passer du vert à l'orange puis au rouge en quelques secondes ;
– à l'entrée et dans une agglomération (présence de piétons, de cyclistes).

État de la route

L'état et la configuration de la chaussée peuvent ne pas permettre de circuler à la vitesse maximale autorisée :
– asphalte en mauvais état ;
– proximité d'un virage, d'une descente raide ;
– croisement d'un véhicule encombrant, etc.
Il faut s'adapter aux conditions de circulation rencontrées.

Sanctions

Aucun excès de vitesse n'est justifié, même pour effectuer un dépassement.

	Amende forfaitaire	Point(s) retiré(s)	Autre sanction
Inférieur à 20 km/h (si vitesse maxi > 50 km/h)	68	1	Aucune
Inférieur à 20 km/h (si vitesse maxi < 50 km/h)	135	1	Aucune
Entre 20 et 30 km/h	135	2	Aucune
Entre 30 et 40 km/h	135	3	Jusqu'à 3 ans de suspension du permis
Entre 40 et 50 km/h	135	4	Jusqu'à 3 ans de suspension du permis
Supérieur à 50 km/h	1 500	5	Jusqu'à 3 ans de suspension du permis
Supérieur à 50 km/h (récidive)	4 500	6	Jusqu'à 3 ans de suspension du permis et 3 mois d'emprisonnement

CONDUITE NOCTURNE

De nuit, le conducteur doit adapter sa vitesse aux conditions de visibilité réduites.

BROUILLARD

En présence de brouillard, il faut réduire fortement sa vitesse, même sur autoroute.

CONTRE-JOUR

En fin de journée, le soleil rasant peut sérieusement détériorer les conditions de circulation en aveuglant partiellement le conducteur, incapable de voir la signalisation ou le marquage au sol.

Temps de réaction

Le motard doit maintenir une certaine distance avec les véhicules qui le précèdent pour avoir le temps de réagir en cas de ralentissement ou de découverte d'un obstacle.

Distance parcourue

Le temps de réaction évolue en plusieurs phases :
- l'œil voit l'obstacle et transmet le message au cerveau ;
- le cerveau étudie l'information et donne l'ordre au système nerveux de freiner ;
- le motard lâche la commande de gaz et actionne les freins.

Pour un conducteur en pleine possession de ses moyens et parfaitement concentré, le temps de réaction est d'environ une seconde.
Pour calculer la distance parcourue pendant cette seconde, il suffit de multiplier le chiffre des dizaines de la vitesse par 3 :
- à 80 km/h, la moto parcourt environ 24 mètres ;
- à 130 km/h, la moto parcourt environ 40 mètres.

Distance de sécurité

Quand deux véhicules se suivent, le conducteur du second doit maintenir une distance de sécurité suffisante pour pouvoir éviter une collision en cas de ralentissement brutal ou d'arrêt d'urgence du véhicule qui le précède. Cette distance de sécurité minimale correspond à 2 secondes. Pour la respecter, il existe une technique simple : prendre un repère sur l'accotement (arbre, poteau, etc.) et compter les secondes qui s'égrènent entre le passage du véhicule qui circule devant ce repère et son propre passage devant le même repère.

ATTENTION

Règle des 2 secondes

Pour établir un espace de sécurité, il suffit de compter les secondes qui s'égrènent entre le passage du véhicule qui précède devant un repère sur le bord de la route (un arbre, un pont, etc.) et le passage de son propre véhicule.
Pour mesurer la distance de sécurité, il suffit de multiplier le chiffre des dizaines de la vitesse par 6. Par exemple, à 80 km/h, la distance de sécurité correspond à 8 x 6 = 48 m.

PIÉTONS

En agglomération, il faut pouvoir anticiper le comportement parfois imprévisible des piétons qui peuvent traverser en dehors des passages qui leur sont réservés.

VIGILANCE

Lorsque l'on suit un véhicule de grande taille qui empêche de voir suffisamment loin devant et d'anticiper un possible ralentissement, il faut laisser une distance suffisante de sécurité pour pouvoir réagir.

DEUX TRAITS

En maintenant systématiquement deux lignes de rive entre son véhicule et celui qui précède, le conducteur se constitue un espace de sécurité suffisant pour pouvoir s'arrêter si besoin.

Distances de freinage et d'arrêt

Entre le moment où le motard actionne ses freins et celui où il s'immobilise, sa moto a parcouru une distance d'autant plus longue que sa vitesse est élevée.

Effets de la vitesse

La distance de freinage augmente plus rapidement que la vitesse de la moto. En roulant deux fois plus vite, le conducteur quadruple la longueur à parcourir avant de s'arrêter :
– à 50 km/h, un véhicule parcourt 10 mètres avant de s'arrêter ;
– à 100 km/h, il met 48 mètres, soit une distance 4 fois plus importante.
Si la vitesse est multipliée par 3, la longueur parcourue avant l'arrêt sera multipliée par 9.

Distance rallongée

Ces distances de freinage peuvent être plus longues dans certaines circonstances : mauvais état de la chaussée, gravillons, route en forte déclinaison, amortisseurs défectueux, pneus usés, etc.
Par ailleurs, sur route mouillée, l'adhérence est divisée par deux.

ATTENTION

Distance d'arrêt

La distance d'arrêt comprend la longueur de route parcourue durant le temps de réaction du conducteur à laquelle on ajoute la distance de freinage elle-même.
Pour calculer la distance nécessaire pour stopper le véhicule sur route sèche, il faut multiplier le chiffre des dizaines de la vitesse par lui-même :
– à 50 km/h, il faut 5 x 5 = 25 mètres pour s'arrêter ;
– à 130 km/h, il faut 13 x 13 = 170 mètres environ.
Sur sol humide, il faut multiplier la distance d'arrêt sur sol sec par 1,5 :
– à 50 km/h, il faut 25 x 1,5 = 38 mètres environ.

TROP PRÈS

Même pour effectuer un dépassement, il faut laisser une distance de sécurité suffisante avec le véhicule qui précède pour limiter les risques de collision en cas de freinage brutal.

BONNE DISTANCE

Un écart d'une cinquantaine de mètres avec le véhicule qui précède constitue une bonne distance de sécurité pour pouvoir faire face à toute éventualité.

ROUTE GLISSANTE

Si la chaussée est humide ou glissante, la distance nécessaire pour immobiliser la moto est considérablement allongée.

Pluie

La conduite d'une moto par temps de pluie n'est ni très agréable ni très sécurisante, avec une luminosité réduite et une chaussée glissante.

Aquaplanage

Plus la chaussée est plate et large, plus l'eau de pluie met du temps pour s'évacuer. **Le conducteur risque alors l'aquaplanage** : les pneus ne parviennent plus à évacuer l'eau présente sur la route, rendant le véhicule totalement incontrôlable. Des pneus usés et/ou une vitesse excessive augmentent ce risque.

Prudence

Il faut respecter les limitations de vitesse (abaissées de 10 sur route ou 20 km/h sur autoroute), éviter de freiner brutalement et augmenter les distances de sécurité. **Dans la mesure du possible, il faut éviter les sources de potentielle glissade** : bouches d'égout, rails, marquage au sol, flaques, etc.
Les bords droits de la chaussée, des ronds-points et des carrefours giratoires sont souvent souillés d'hydrocarbures et/ou de gravillons qu'il faut éviter en maintenant la moto au milieu de sa voie de circulation.

Visibilité

Sous la pluie, il faut bien voir et être bien vu. L'utilisation d'une visière anti-buée ou d'un produit qui favorise l'évacuation des gouttes améliore grandement la vision. Il faut également utiliser la ventilation qui équipe le casque pour éviter d'avoir la visière embuée.
Enfiler une combinaison de pluie de couleur permet non seulement d'éviter d'être trempé, mais aussi d'être mieux repéré par les autres usagers.

Vitesses réduites

Certaines **vitesses maximales autorisées sont abaissées par temps de pluie** :
- agglomération : 50 km/h (inchangé) ;
- route : 80 km/h (inchangé) ;
- route à 2 fois 2 voies : 80 km/h au lieu de 90 km/h ;
- voie rapide avec terre-plein central : 100 km/h au lieu de 110 km/h ;
- autoroute : 110 km/h au lieu de 130 km/h.

Pour rappel, ces seuils abaissés s'appliquent par temps sec aux jeunes conducteurs.

GLISSADE

Lorsque la chaussée est humide, dans la mesure du possible, il faut éviter de rouler sur les plaques d'égout devenues très glissantes.

SCULPTURES

En cas de forte pluie, les motos disposent de pneus dont les sculptures sont incapables d'évacuer correctement l'eau à vitesse élevée. Il faut ralentir et adopter une conduite souple.

AQUAPLANAGE

Lorsqu'elles sont profondes, les flaques d'eau constituent un piège pour les motos. À vitesse élevée, les sculptures des pneus évacuent mal l'eau.

Brouillard

Le brouillard empêche non seulement de voir loin mais aussi d'être vu par les autres usagers. D'où l'absolue nécessité de circuler à vitesse réduite.

Vitesse limitée

Dès lors que la visibilité n'excède pas 50 mètres, **tous les conducteurs doivent circuler au maximum à 50 km/h** et respecter au minimum une distance de sécurité de 50 mètres avec le véhicule qui précède.

Être repéré

Porter une combinaison de couleur vive ou, à défaut, enfiler un **gilet rétro-réfléchissant** permet d'être mieux visible. Les motards qui disposent de feux de brouillard doivent les utiliser.

Une autre solution consiste à faire régulièrement des appels de phares et de feux stop pour signaler sa présence lorsque le brouillard est particulièrement épais.

Casque aéré

Afin d'éviter d'ajouter au brouillard environnant une visière embuée, il faut utiliser **les buses d'aération** disponibles **sur le casque**. À défaut, le motard peut entrouvrir sa visière pour laisser passer un filet d'air qui évitera à la buée d'envahir son casque.

Feux de brouillard

Pour le moment, rares sont les motos équipées de série d'un ou de deux feux de brouillard. Il est possible, sur certains modèles, d'en installer en option. Lorsque la visibilité est mauvaise, cet équipement améliore grandement la visibilité de la moto.

Appel de feu

Faute de disposer d'un feu de brouillard, le motard peut faire régulièrement **des appels de phares** pour signaler sa présence et être ainsi mieux détecté par les autres conducteurs.

VÉHICULE LENT

En circulant trop vite alors que les conditions climatiques sont mauvaises, le motard risque d'être surpris par l'irruption d'un véhicule circulant à faible vitesse.

RALENTIR

Face au brouillard, appliquer la règle des trois 50. Lorsque la visibilité n'excède pas 50 mètres, il faut ramener sa vitesse à 50 km/h et porter la distance de sécurité à 50 mètres au moins.

ÉCLAIRAGE

Le feu de route d'une moto n'est pas performant lorsque le brouillard réduit la visibilité. Faute de disposer d'un feu de brouillard, il ne faut pas hésiter à faire des appels de phares en alternant feu de croisement et feu de route à l'approche d'autres véhicules.

Vent

Le vent n'est pas l'ami des motards. Il perturbe la conduite en déportant la moto, refroidit le corps et génère de la fatigue.

⏭ Position

Pour **limiter les effets du vent**, le motard doit essayer de faire corps avec sa machine en **tenant fermement le guidon**, en serrant les jambes contre le réservoir et en s'inclinant vers l'avant. Dans la mesure du possible, avant de partir, il faut retirer les accessoires qui prennent le vent (top case, sacoches, tablier).

⏭ Conduite

Il faut circuler **au milieu de sa voie de circulation** pour prévenir les possibles écarts générés par les bourrasques. Cette position centrale permet également de **mieux gérer les appels d'air** créés par les autres véhicules et tout particulièrement par les poids lourds que l'on croise ou que l'on double.
Sur un long trajet, il ne faut pas oublier de faire des pauses régulières pour se détendre sur une aire de repos ou se réchauffer dans une station-service.

⏭ Équipement

Un blouson en cuir permet d'éviter le froid. **Il faut porter des gants homologués pour mieux résister au froid qui survient systématiquement** sur un long trajet dans le vent. Des bouchons d'oreilles limitent le niveau sonore du vent qui vient heurter le casque, source de fatigue à la longue. Une visière totalement fermée évite d'être gêné par le vent qui frappe le casque.

⏭ Bouchons d'oreilles

Pour atténuer le bruit du vent contre le casque et retarder l'apparition des premiers signes de fatigue, le motard peut s'équiper de bouchons d'oreilles spécialement conçus pour la pratique de la moto.

TRAJECTOIRE

Les bourrasques de vent déstabilisent la moto. Le fait d'accélérer ne permet pas d'empêcher les changements intempestifs de trajectoire.

DÉPORT

Dans une zone dégagée, à vitesse élevée, les rafales de vent peuvent déporter la moto. Le pilote doit tenir fermement le guidon et serrer les cuisses contre le réservoir pour contre-carrer le phénomène de guidonnage.

BLOUSON

Pour lutter contre le vent et le froid, il est recommandé de porter un blouson spécialement dédié à la conduite d'une moto. Un simple coupe-vent ne protège pas le motard en cas de chute.

Neige et verglas

En hiver, par temps de neige ou en présence de plaques de verglas, dans la mesure du possible, mieux vaut laisser la moto au garage.

⏭ Verglas

Le verglas se forme quand la température est égale ou inférieure à 0°, quand l'air est humide ou quand il a plu après une gelée. Les plaques de verglas se forment généralement sur les routes ombragées ou bordées d'arbres, près des cours d'eau, sur ou sous les ponts, dans le fond des vallées et dans les endroits exposés au vent.

⏭ Perte de contrôle

Sur une route verglacée, avec des pneus de série aux sculptures minces, **l'adhérence d'une moto est nulle**. Même un motard expérimenté n'est pas en mesure de contrôler sa machine. La glissade et la chute sont assurées, avec le risque de blessures pour le pilote et de dégâts pour sa moto.

⏭ Équipement

Il est interdit de circuler avec des pneus cloutés – seul moyen réellement efficace sur le verglas – en dehors de la période du 11 novembre au 31 mars de l'année suivante mais, contre la neige, il est possible d'équiper **une moto de chaînes ou de chaussettes**. En sachant que piloter une moto sur une telle surface requiert des talents d'équilibriste… qu'un nouveau motard ne possède pas.

VERGLAS

La proximité d'une zone boisée favorise la formation de verglas, par des températures négatives, sans que le motard puisse en déceler la présence.

GLISSADE

Par temps froid et humide, le risque de rencontrer des zones glissantes est élevé. Il faut adopter une conduite souple en évitant les fortes accélérations et les freinages appuyés.

PNEU

La neige et la moto ne font vraiment pas bon ménage. Les sculptures du pneu sont inadaptées pour circuler sur la neige.

Accès et sorties

La circulation sur autoroute permet de circuler à des vitesses élevées qui exigent, de la part des conducteurs, une concentration soutenue.

Accès réservé

L'autoroute est une infrastructure particulière sur laquelle **les vitesses sont plus élevées que sur le reste du réseau routier**. Pour des raisons de sécurité, les véhicules trop lents y sont interdits. Sont ainsi exclus :
– les piétons, les cyclistes, cyclomotoristes et cavaliers ;
– les tricycles et quadricycles à moteur ;
– les véhicules dont la vitesse maximale n'excède pas 40 km/h (voiturettes, tracteurs agricole, etc.) ;
– les transports exceptionnels (dimensions hors normes), sauf autorisation spéciale.

Entrée d'autoroute

Une voie d'insertion longe la voie de droite, sur une distance limitée, pour permettre d'accéder à l'autoroute. **Le motard doit prendre suffisamment de vitesse pour s'insérer sans gêne** dans la circulation **en contrôlant les conditions de circulation** avec son rétroviseur gauche, en tournant la tête pour contrôler l'angle mort sur sa gauche et en utilisant son clignotant gauche. Dans tous les cas, il doit laisser la priorité aux usagers déjà présents sur l'autoroute mais sans s'immobiliser sur la voie d'insertion lorsque le flot de véhicules l'empêche d'entrer. En pareil cas, à titre exceptionnel, il faut circuler sur la bande d'arrêt d'urgence et s'insérer un peu plus loin.

Sortie d'autoroute

Pour quitter l'autoroute, **le motard doit emprunter la voie de décélération située à droite**. Dès l'annonce de sa sortie par les panneaux, il se place sur la voie de droite sans ralentir et, à proximité de la voie de sortie, actionne son clignotant droit pour avertir les autres usagers. Sitôt sur la voie de décélération, **il faut ralentir pour adapter sa vitesse à la signalisation en place**.

ACCÉDER

Toutes les autoroutes disposent d'une voie d'accélération suffisamment longue pour permettre de prendre la vitesse nécessaire à une bonne insertion dans la circulation.

SORTIR

Après avoir allumé ses clignotants de droite, le motard soit se rapprocher le plus possible de la voie de décélération afin de libérer au plus tôt l'autoroute.

AFFECTATION DES VOIES

Pour quitter l'autoroute, le conducteur doit impérativement se placer sur la voie la plus à droite dès la vue du panneau d'indication.

Accès et péage

Les autoroutes sont des voies à sens unique spécialement aménagées pour permettre aux usagers de circuler à des vitesses plus élevées.

Péage

Généralement, **les barrières de péage se situent aux entrées et aux sorties de l'autoroute**. Sur certains axes, il faut payer dès l'entrée sans avoir à présenter de ticket.
Dans la majorité des cas, **le paiement s'effectue à la sortie** : les voies de passage ouvertes au règlement sont indiquées par une flèche verte. Une croix rouge annonce que la voie est fermée.
Il faut se méfier des brusques changements de direction des véhicules au dernier moment.
Il existe plusieurs moyens de paiement :
- automatique : par carte de paiement ou par dépôt de pièces ;
- direct : avec un préposé en cabine qui accepte tous les moyens de paiement ;
- télépéage : paiement par abonnement grâce à un badge qui permet de passer à petite vitesse sans s'arrêter.

Pour les motards, le ticket de péage et le moyen de paiement choisi (carte bancaire ou argent liquide) doivent être facilement accessibles.
La perte du ticket de péage entraîne le paiement du parcours le plus long géré par la société d'autoroute exploitante.

Jonction

Une jonction est le lieu où deux autoroutes se rejoignent. En pareil cas, une signalisation est implantée sur l'un des deux axes pour indiquer aux conducteurs qu'ils doivent céder le passage à ceux qui circulent sur l'autre autoroute.

Tarif spécial

Concernant les tarifs autoroutiers, **les motos sont cataloguées en classe 5 et bénéficient d'un tarif réduit par rapport aux voitures (classe 1)**. Au péage, le motard doit se diriger vers un guichet qui accepte toutes les catégories de véhicule (sans limitation de hauteur) et tous les moyens de paiement.
Certaines autoroutes disposent également de voies de télépéage spécialement dédiées aux deux-roues.

INSERTION

Les zébras séparent la voie de droite de l'autoroute et la voie d'accélération.
Ils protègent et facilitent l'insertion des nouveaux arrivants.

VOIE DE DROITE

La circulation sur autoroute s'effectue sur la voie la plus à droite. Les files à gauche ne doivent servir que pour les manœuvres de dépassement.

CHOISIR SON GUICHET

Avant d'opter pour l'un des guichets, il faut vérifier le symbole allumé au-dessus de la barrière de péage et vérifier le mode de paiement accepté.

Circulation

Du fait des vitesses élevées pratiquées, la conduite sur autoroute exige une grande attention de la part des conducteurs.

Conduite à droite

Comme sur toutes les routes, **le motard doit se maintenir sur la voie la plus à droite**. Les autres voies ne sont utilisées que pour les manœuvres de dépassement. Lorsque l'autoroute comporte 3 voies ou plus, les véhicules de plus de 3,5 tonnes ou d'une longueur de plus de 7 mètres ont **interdiction d'emprunter la voie située la plus à gauche**.

Vitesse minimale

S'ils doivent respecter les limitations de vitesse (130 km/h ou 110 km/h par temps de pluie), **les conducteurs ne doivent pas circuler à une vitesse anormalement réduite**. Il est interdit de rouler à moins de 80 km/h sur la voie située la plus à gauche.

Changement de file

Le changement de file ne se justifie que pour effectuer une manœuvre de dépassement. Il est cependant possible de se déporter sur la voie de gauche à la vue d'un véhicule en panne immobilisé sur la bande d'arrêt d'urgence ou pour faciliter l'insertion de véhicules arrivant sur l'autoroute. **L'utilisation du clignotant gauche est obligatoire** avant de déboîter et celle du clignotant droit, pour se rabattre après le dépassement, est indispensable.

Bande d'arrêt d'urgence (B.A.U.)

La B.A.U. n'est pas une voie de circulation : **il est interdit d'y circuler car des véhicules en panne ou des véhicules d'entretien ou d'intervention peuvent y stationner**. Pour s'arrêter, le motard doit utiliser exclusivement les aires de repos ou les stations-services qui jalonnent le parcours.
Par ailleurs, le franchissement de la ligne blanche délimitant la bande d'arrêt d'urgence est sanctionné par une amende forfaitaire de 135 euros et le retrait d'un point sur le permis.

Pause

D'une manière générale, à la longue, la conduite sur autoroute est monotone et devient fatigante mais elle l'est plus encore au guidon d'une moto qui exige un gros effort physique (vent, bruit). Il est donc particulièrement recommandé de faire une pause d'au moins une vingtaine de minutes toutes les deux heures de conduite.

VOIE DE DROITE

Lorsque la voie de droite est libre et en l'absence de véhicules à doubler, il faut impérativement se maintenir sur la voie la plus à droite.

VOIE CENTRALE

La voie du centre, comme celle la plus à gauche, est réservée aux manœuvres de dépassement et doit être libérée dès que possible en se rabattant sur la file de droite.

VOIE DE DÉGAGEMENT

La large bande blanche séparant les voies de circulation de la voie de dégagement, donnant accès à une aire de repos, interdit tout retour sur l'axe principal.

Dépassements

Même en présence de plusieurs voies de circulation, une manœuvre de dépassement s'effectue toujours par la gauche, quel que soit le positionnement des autres usagers.

Dépassement par la gauche

La règle selon laquelle il faut circuler sur la voie la plus à droite de l'autoroute n'est pas la mieux respectée, certains s'obstinant à rester sur la voie centrale ou même sur la file de gauche. Même en pareil cas, **il ne faut pas doubler par la droite**. Une telle manœuvre est dangereuse car le conducteur fautif peut être surpris et perdre le contrôle de son véhicule ou, plus simplement, se rendre compte de son erreur et décider soudainement de se rabattre sans voir la moto dans l'angle mort de ses rétroviseurs.

Appel d'air

À moto, le dépassement d'un véhicule (voiture, camionnette ou poids lourd) génère un appel d'air qui déstabilise le deux-roues. Lorsque le motard dépasse un poids lourd, sa moto est soumise à un phénomène d'aspiration qui l'attire vers la droite. **Le motard doit anticiper cette gêne** en serrant les jambes contre le réservoir, en tenant fermement son guidon et en s'écartant du véhicule qu'il dépasse.

Se rabattre

Lorsque la manœuvre de dépassement est terminée, avant de se rabattre, le motard doit :
- s'assurer que l'espace disponible avec le véhicule dépassé est suffisant ;
- tourner la tête à droite pour contrôler l'angle mort ;
- utiliser son clignotant droit pour informer les autres usagers ;
- se déporter lentement sur la voie de droite ;
- éteindre son clignotant.

La voie de gauche, dite voie rapide, utilisée pour la manœuvre ne doit pas être occupée de manière prolongée.

Clignotant

Avant de débuter sa manœuvre, **le motard doit utiliser son clignotant gauche** après avoir vérifié qu'il n'est pas lui-même sur le point d'être doublé. Ne pas oublier de **tourner** franchement et rapidement **la tête sur le côté pour couvrir l'angle mort**.

L'utilisation du clignotant droit en fin de dépassement permet d'informer les autres usagers que la moto va se rabattre sur la voie de droite.

Céder le passage

Le conducteur circulant sur la voie de gauche et sur le point d'être rattrapé par un véhicule plus rapide doit toujours laisser le passage en se rabattant sur la voie de droite dès que possible. Peu importe que l'autre véhicule circule au-delà de la vitesse maximale autorisée, car obstruer la voie de gauche est dangereux.

SE RAVISER

Avant de s'engager dans un dépassement, il faut s'assurer que les conditions de sécurité sont réunies pour l'effectuer sans risque ou, à défaut, y renoncer momentanément.

RABATTEMENT

Le conducteur qui termine son dépassement informe les autres usagers de la fin de sa manœuvre en actionnant son clignotant droit.

CONTRÔLE

Le motard ne doit entamer sa manœuvre de dépassement qu'après s'être assuré dans ses rétroviseurs et en vérifiant son angle mort qu'aucun véhicule arrivant à l'arrière ne s'apprête à le doubler.

Manœuvres interdites

Pour un maximum de sécurité, certaines manœuvres sont rigoureusement interdites sur les autoroutes et les voies rapides car elles risquent de surprendre les autres usagers.

Changement de direction

En toutes circonstances, il est interdit de :
- faire marche arrière ;
- faire demi-tour ;
- traverser le terre-plein central ;
- circuler sur la bande d'arrêt d'urgence.

Ces manœuvres étant très dangereuses, elles entraînent une perte de 4 points, une amende forfaitaire de 135 euros et une possible suspension du permis de conduire.

Arrêt et stationnement

Il est également **interdit de stationner ou de s'arrêter sur les voies** de circulation, sur le terre-plein central, sur la bande d'arrêt d'urgence (sauf en cas de panne) et sur l'accotement. Pour s'arrêter, il faut utiliser les aires de repos spécialement aménagées à cet effet que l'on trouve tous les 15 kilomètres environ.

Panne

En cas d'urgence ou de nécessité absolue (panne, accident, crevaison, etc.), le motard doit se garer sur la bande d'arrêt d'urgence et signaler sa présence en allumant ses feux de détresse. Il doit également enfiler rapidement son gilet de sécurité rétroréfléchissant. En attendant l'arrivée des secours ou du dépanneur, **il faut se placer derrière la glissière de sécurité**.

En revanche, pour des raisons de sécurité, il n'est pas obligatoire d'installer un triangle de sécurité en amont de sa moto.

ATTENTION

Sens interdit

Ce panneau est désormais implanté aux abords des bretelles de sortie des autoroutes et des routes à chaussées séparées pour éviter les entrées à contresens.

STATIONNEMENT DANGEREUX

La voie d'accélération d'une autoroute ne constitue en aucun cas un endroit ouvert au stationnement (risque d'encastrement).

B.A.U. INTERDITE

Le stationnement sur la bande d'arrêt d'urgence est interdit sauf cas de force majeure. Même avec son gabarit réduit, une moto est concernée par cette interdiction.

VOIE INTERDITE

Lorsque l'autoroute comporte plus de deux voies, les poids lourds n'ont pas le droit de circuler sur la voie la plus à gauche, même pour effectuer un dépassement.

Effet gyroscopique

Caractéristique d'un deux-roues, l'effet gyroscopique a pour effet de maintenir la moto en équilibre et de bloquer le guidon à partir d'une certaine vitesse.

Moto droite

La rotation des roues de la moto génère une force, appelée effet gyroscopique, qui maintient l'engin en équilibre à partir d'une certaine vitesse. C'est le même principe qu'une toupie : elle reste droite tant que sa vitesse de rotation est élevée.

Technique

Au-delà de 30 km/h environ, le motard n'est plus en mesure d'agir sur son guidon pour diriger sa moto par l'effet gyroscopique qui place les roues avant et arrière sur un même axe.
Pour prendre un virage, même si cela peut paraître déconcertant, le motard doit légèrement pousser le guidon du côté de la courbe qu'il prend tout en inclinant sa moto.

Empattement

La distance comprise entre l'axe des roues avant et arrière – l'empattement – varie, très légèrement, lorsque la moto s'incline pour tourner. Ce raccourcissement de l'empattement perturbe l'équilibre général de l'engin et dégrade sensiblement la tenue de route.

Regard

« La moto suit le regard du pilote ». Cette règle fondamentale ne doit jamais être oubliée. Il ne faut donc pas regarder avec insistance un point précis de la route car c'est l'assurance d'être attiré vers ce point. En virage, le regard du motard doit être porté vers l'intérieur de la courbe et non pas sur l'accotement sous peine de se déporter hors de la chaussée.

EFFET GYROSCOPIQUE

Aux alentours de 30 km/h, la moto tient toute seule en équilibre sous l'effet gyroscopique. Le guidon ne peut plus être orienté et les changements de direction s'opèrent en penchant l'engin.

POUSSÉE GAUCHE

Pour tourner à gauche, il faut pousser le guidon du côté gauche en penchant la moto. Avec la vitesse, il est impossible de diriger la moto en agissant sur le guidon.

CONTRE-BRAQUAGE

Le contre-braquage consiste à pousser le guidon du côté du virage abordé. Pour virer à droite, le motard penche la moto à droite et pousse son guidon sur la droite.

Virage

Avant d'aborder une courbe, il faut impérativement réduire sa vitesse et positionner sa moto de manière à suivre une trajectoire de sécurité.

⏭ Virage à gauche

Après avoir adapté sa vitesse à la configuration de la courbe, il faut **positionner la moto sur la droite de sa voie** de circulation en veillant à respecter un **coussin de sécurité** par rapport à l'accotement qui peut toujours comporter des pièges (gravillons, trous, flaques d'hydrocarbure, déchets, etc.). Ce positionnement permet de voir plus rapidement la sortie du virage.
Ne pas accélérer avant d'avoir franchi la moitié du virage permet d'éviter d'être déporté vers l'extérieur et de quitter la route. Dès la fin du virage, le motard redresse sa moto et reste sur la partie droite de sa voie de circulation.

⏭ Virage à droite

Une fois sa vitesse adaptée à la configuration des lieux, pour améliorer sa vision de la sortie du virage, le motard place sa moto sur la partie gauche de sa voie de circulation en respectant un coussin de sécurité avec l'axe médian de la route afin d'éviter tout risque de collision avec un véhicule venant de face. Dès la sortie du virage, il se repositionne sur la partie droite de la chaussée.

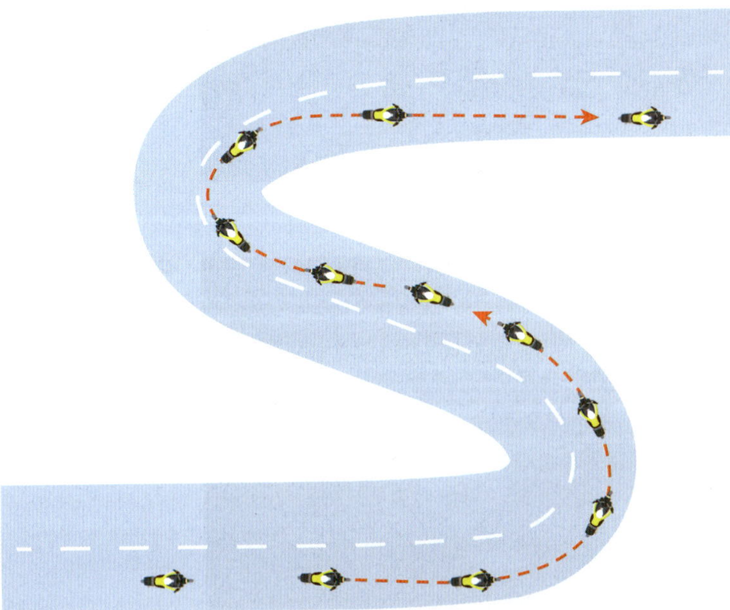

PLACEMENT DROIT

En vertu de la trajectoire de sécurité, il faut se placer sur le bord droit de la chaussée pour aborder un virage à gauche. Ce placement permet de voir plus rapidement la sortie de la courbe.

BORD DROIT

À la sortie du virage, le motard se replace sur la moitié droite de sa voie de circulation.

PLACEMENT GAUCHE

Afin d'améliorer la visibilité en sortie de courbe, la moto doit être placée sur le côté gauche de la voie, en veillant à ne pas empiéter sur l'autre sens de circulation.

Freinage

Sur un deux-roues, le freinage requiert de la part du motard un savoir-faire pour éviter la chute ou un dérapage intempestif.

ABS

Ce système, désormais **obligatoire** sur les nouveaux modèles, est un équipement de sécurité qui **optimise l'efficacité du freinage** en évitant de bloquer les roues et en permettant au motard de rester maître de sa trajectoire. Mais l'ABS ne raccourcit pas les distances de freinage et ne dispense nullement de respecter les distances minimales de sécurité, sous peine de collision avec le véhicule suivi de trop près.

Répartition

Toutes les motos disposent de freins partagés sur les deux-roues. Avec une moto non équipée de l'ABS, en cas de freinage d'urgence, une mauvaise utilisation des freins risque d'entraîner une glissade par blocage de la roue arrière et, par conséquent, un allongement de la distance d'arrêt (ou une chute). En pareil cas, **c'est au motard de savoir doser son freinage** entre la poignée droite (frein avant) et la pédale située sous le pied droit (frein arrière) :

– freinage à faible vitesse : le frein arrière suffit ;

– freinage à haute vitesse : utiliser d'abord le frein arrière en appuyant fortement (pour écraser la moto et abaisser le centre de gravité) puis le frein avant.

Utilisation

En ligne droite, d'une manière générale, un **freinage efficace** s'obtient avec une utilisation à **30 % du frein arrière** et à **70 % du frein avant**. Un dosage parfois difficile à trouver pour un motard néophyte.

En courbe, il faut éviter d'utiliser le frein avant car du fait de la force centrifuge, la moto va se redresser et poursuivre sa trajectoire en ligne droite, avec une sortie de route quasi assurée.

Par ailleurs, la distance de freinage sur sol humide est systématiquement plus longue que sur route sèche, que la moto soit équipée ou non de l'ABS.

ABS

Le système anti-blocage des roues optimise l'efficacité du freinage de la moto. Mais il ne réduit pas la distance d'arrêt. Autrement dit, le motard ne doit pas retarder son action sur les freins.

FEU STOP

Contrairement à une idée reçue, malgré son freinage puissant, une moto ne s'immobilise pas sur une distance plus courte qu'une voiture.

VIRAGE

Pour freiner dans une courbe, il faut privilégier le frein arrière. En utilisant exclusivement le frein avant, le motard redresse sa moto et tire tout droit.

3 La route

1

Sur ce revêtement, pour éviter une perte de contrôle :

A je fixe un point loin devant moi

B je regarde la chaussée

C je balaie l'environnement du regard

2

Je peux tourner à droite :

A OUI B NON

3

La force centrifuge en virage est proportionnelle :

– à la masse de la moto A OUI B NON

– au carré de la vitesse A OUI B NON

4

Pour m'engager sur ce passage à niveau très glissant :

A j'incline ma moto le moins possible

B je porte mon regard principalement sur l'état de la chaussée

5

La stabilité à allure réduite nécessite la maîtrise :

– du point de patinage A OUI B NON

– du frein arrière C OUI D NON

6

Il est préférable d'adapter le régime moteur :

A avant d'incliner la moto

B pendant l'inclinaison de la moto

1C / 2A / 3AC / 4B / 5AC / 6A

7

Ce placement est conforme à la trajectoire de sécurité :

A OUI **B** NON

8

La vitesse influe sur la consommation de carburant : **A** OUI **B** NON

La baisse de consommation entraîne une baisse des émissions polluantes :

C OUI **D** NON

9

L'inclinaison maximale d'une moto dépend du carrossage du pneu :

A OUI **B** NON

10

Ce virage est équipé d'un système de retenue pour les motards en cas d'accident :

A OUI **B** NON

Ce dispositif est un élément de sécurité :

C active **D** passive

11

Le motard est bien placé pour tourner :

– à gauche **A** OUI **B** NON

– à droite **C** OUI **D** NON

12

Je bénéficie de la priorité de passage à cette intersection :

A je ralentis

B je klaxonne

C je fais un appel de feux

7B / 8AC / 9A / 10AD / 11BC / 12A

13

Je me tiens à la moto avec mes cuisses :
A OUI B NON

J'aborde les imperfections de la route avec les bras souples :
C OUI D NON

14

Par rapport à un revêtement goudronné classique, la distance de freinage est plus longue sur :

- des pavés secs A OUI B NON
- des pavés mouillés C OUI D NON

15

En situation d'urgence, je freine uniquement du frein avant :
A OUI B NON

16

En me plaçant à gauche de ma voie, la sortie de virage sera visible :
A plus tôt B plus tard

Je regagne la partie droite de ma voie une fois la sortie visible : C OUI D NON

17

Dans cette agglomération éclairée, je peux circuler en :

- feu(x) de position seul(s) A OUI B NON
- feu(x) de croisement C OUI D NON

18

Une situation d'urgence à moto est une situation sans risque grâce à l'ABS :
A OUI B NON

13AC / 14AC / 15B / 16AC / 17BC / 18B

19

Oublier d'activer son clignotant est sans risque :

A OUI B NON

20

Cette route offre une bonne sécurité passive : A OUI B NON

L'environnement m'aide dans le choix de mon allure :

C OUI D NON

21

Un blocage de roue est le signe d'un freinage efficace :

A OUI B NON

22

Si je prends un virage à 100 km/h au lieu de 50 km/h, la force centrifuge est multipliée :

A par 1 B par 2 C par 3 D par 4

23

La masse d'une moto repose au sol sur une surface :

A de quelques centimètres carrés

B d'un mètre carré

24

Pour limiter le délestage de la roue arrière, il faut :

A commencer par freiner de l'avant

B commencer par freiner de l'arrière

19B / 20BC / 21B / 22D / 23A / 24B

25

Pour un freinage optimal, le motard dose les freins :

A 50 % à l'avant et 50 % à l'arrière

B 30 % à l'avant et 70 % à l'arrière

C 70 % à l'avant et 30 % à l'arrière

26

Sur route humide, ma distance de freinage est :

A la même que sur sol sec

B doublée par rapport au sol sec

27

La technique d'inclinaison pour prendre un virage s'appelle :

A l'effet gyroscopique

B la force centrifuge

C le contre-braquage

28

L'anneau du giratoire est en dévers vers :

A l'extérieur B l'intérieur

Je compense ce dévers par :

C mon placement D mon allure

29

En me plaçant vers l'intérieur du virage :

la trajectoire est adaptée A OUI B NON

La partie haute de mon corps se trouve :

C au niveau de ma voie

D au niveau de la voie en sens inverse

30

Je circule actuellement :

A en feu de croisement

B en feu de route

Le feu de route doit éclairer par nuit claire à au moins : C 30 m D 100 m

25C / 26B / 27C / 28AD / 29BD / 30AD

31

Pour réduire la force centrifuge :

– je réduis mon allure : A OUI B NON

– j'utilise les 2 voies de circulation :
C OUI D NON

32

C'est grâce à l'effet gyroscopique que cette moto tient en équilibre :
A OUI B NON

33

Sur ce sol humide :
– le temps de réaction est multiplié par 2 :
A OUI B NON

– la distance de freinage est multipliée par 4 : C OUI D NON

34

Sur cette autoroute, je peux éviter la somnolence :

– en relevant l'écran de mon casque :
A OUI B NON

– en faisant une pause : C OUI D NON

35

En cas de pluie :

A j'augmente la pression des pneus

B je diminue la pression des pneus

C je garde une pression identique

36

La trajectoire de sécurité nécessite, avant un virage à gauche :

– de se placer vers l'extérieur du virage :
A OUI B NON

– d'adapter son allure : C OUI D NON

31AD / 32A / 33BD / 34BC / 35C / 36AC

TEST EN SITUATION 1

Flashez le QR code

Visionnez la vidéo puis répondez à la question sur les ronds-points.

liennathan.fr/662uym

TEST EN SITUATION 2

Flashez le QR code

Visionnez la vidéo puis répondez à la question sur les types de route.

liennathan.fr/27pm7r

4 Circuler avec les autres usagers

Méprise

Un des plus grands dangers auquel s'expose un motard porte sur sa certitude - erronée - d'avoir été nécessairement vu par les autres usagers.

Statistique

L'analyse des accidents impliquant des motos et d'autres types de véhicules montre que dans **plus de la moitié des sinistres, le motard n'avait pas été vu par l'autre conducteur**. Le faible gabarit d'une moto, sa capacité d'accélération, son éclairage moins performant qu'une voiture et, parfois, une trop grande confiance de son pilote expliquent ces mauvais chiffres.

Douter en permanence

L'excès de confiance constitue un grand danger pour tout motard, quelles que soient son expérience et ses capacités. Il doit au contraire se méfier sans cesse du comportement des autres usagers qui peuvent ne pas réagir comme il l'aurait pensé. **Être vigilant et méfiant permet d'éviter de se trouver dans des situations à risque.**

Vitesse adaptée

Avec sa forte capacité d'accélération, la moto procure un vrai plaisir de conduire mais une vitesse inadaptée aux circonstances constitue un danger. Arriver très vite peut surprendre un autre conducteur et l'amener à mal réagir (brusque freinage, déport sans avertir, etc.). Circuler avec les autres usagers implique de tenir compte de leur comportement.

Regard

Pour réduire au maximum les incompréhensions et les doutes sur l'attitude des autres usagers, **le motard doit regarder tout ce qui l'entoure**. Regarder loin et balayer de droite à gauche son environnement lui permet de s'assurer qu'il a bien été repéré par les autres. Un conducteur ou un piéton dont le regard est porté ailleurs que sur lui doit alerter le motard sur un risque potentiel.

CLIGNOTANT

L'utilisation du clignotant gauche à hauteur de la moto peut signifier que le conducteur n'a pas vu le motard et va déboîter immédiatement.

REGARDER

Le fait que le regard du cycliste soit orienté vers le motard ne signifie pas que l'automobiliste a vu l'arrivée de la moto et qu'il va s'arrêter.

FEU

Passer au feu vert ne dispense pas de surveiller les véhicules à proximité, qui peuvent ne pas respecter la signalisation lumineuse à laquelle ils sont soumis.

Angle mort

Selon son positionnement sur la chaussée, le motard n'apparaît pas toujours dans le champ de vision des autres conducteurs.

Danger mortel

Les motards doivent en permanence s'assurer que leur présence a bien été détectée **par tous les conducteurs à proximité**. Un véhicule qui sort d'un stationnement, qui bifurque brusquement, qui change de file au dernier moment… les cas d'accidents dus à l'absence de visibilité des deux-roues sont nombreux.

Se signaler

Pour apparaître dans les rétroviseurs des véhicules aux alentours, le motard **doit adopter certaines attitudes** :
– ne pas suivre de trop près les poids lourds car leur remorque masque tout ce qui est immédiatement derrière ;
– se décaler légèrement sur la droite ou sur la gauche pour être visible dans les rétroviseurs extérieurs des véhicules sans miroir intérieur (poids lourd, autobus, camionnette) ;
– ne pas circuler à hauteur des roues arrière d'un véhicule circulant, dans le même sens, sur une voie parallèle.

Tourner la tête

Le contrôle des angles morts est une règle fondamentale de la conduite d'un deux-roues motorisé. Cela doit devenir un réflexe, dans une intersection, à chaque changement de direction. Il n'y a pas que le regard du motard qui doit être mobile. Sa tête doit l'être également pour lui permettre de voir tout ce qui l'entoure et qui n'apparaît pas dans ses rétroviseurs. Pour effectuer un contrôle efficace des angles morts, le motard ne doit pas hésiter à tourner franchement la tête à droite et à gauche à 90° ou plus. **Pour sa sécurité, tout changement de direction doit systématiquement avoir validé par un contrôle d'angles morts.**

RÉTROVISEUR

L'angle d'un véhicule sortant de son stationnement empêche le conducteur de voir la moto dans ses rétroviseurs. Il faut ralentir.

DÉCALÉ

Se porter légèrement à gauche de sa voie de circulation permet d'apparaître dans le rétroviseur gauche du conducteur du poids lourd, en prenant soin de garder ses distances.

CACHÉ

En circulant à hauteur de la roue arrière du véhicule à sa droite, le motard n'apparaît pas dans les rétroviseurs de l'automobiliste.

Détection

Une circulation sans danger implique que chacun s'assure de sa bonne visibilité vis-à-vis des autres usagers.

Vêtements

Même si rien ne l'y oblige, le motard doit privilégier les vêtements de couleur claire. Ils améliorent sa visibilité lorsque la luminosité est mauvaise (pluie, brouillard, tombée de la nuit, etc.). Il peut également opter pour des dispositifs rétroréfléchissants à coller sur son blouson ou sur sa moto.

Obstructions

Le mobilier urbain et, hors agglomération, la signalisation verticale ou la végétation peuvent masquer la moto durant une fraction de seconde et surprendre les autres usagers. **Le motard doit en tenir compte** à l'abord des intersections et ralentir, même s'il bénéficie d'une priorité de passage.

Contre-jour

Par beau temps, la conduite d'une moto est un réel plaisir. Mais **le soleil peut être un facteur de risque lorsque l'on circule à contre-jour**. La détection de la moto est rendue plus difficile encore par les conducteurs circulant face au soleil. Inversement, lorsque le motard circule lui-même avec le soleil dans les yeux, sa vision de son environnement est dégradée, même avec une visière teintée, et il doit réduire sa vitesse et augmenter la distance de sécurité.

Vitesse

Il faut toujours adapter sa vitesse à celle des autres véhicules auprès desquels la moto s'approche. Un différentiel important de vitesse entre des véhicules circulant dans la même direction est un facteur important d'accident. Les automobilistes ou les chauffeurs de poids lourds n'ont pas les yeux rivés sur leurs rétroviseurs et peuvent ne pas détecter à temps une moto arrivant derrière à très grande vitesse.

BLOUSON CLAIR

Porter un vêtement de couleur claire améliore sensiblement la visibilité du motard, mieux repéré par les autres conducteurs.

DÉPORT

En ville, le stationnement parfois anarchique oblige à se déporter sur la gauche sans visibilité et sans la certitude d'être détecté par les véhicules venant en face.

LUMINOSITÉ

La circulation face au soleil empêche de distinguer parfaitement la route et les panneaux. Un écran teinté ne compense que partiellement la gêne.

Les piétons

Les piétons sont vulnérables et parfois imprévisibles pour les conducteurs. Il faut être prudent à leur approche, surtout lorsqu'il s'agit d'enfants ou de personnes âgées.

Définition

Est considéré comme étant un piéton **toute personne qui ne se déplace pas à l'aide d'un engin ou d'un véhicule motorisé** : marcheur, joggeur, personne qui pousse un landau, individu qui tient son vélo à la main, personne en fauteuil roulant, etc.
Dans les zones de rencontre, ils peuvent marcher sur la chaussée et sont prioritaires. Les véhicules ne peuvent pas y circuler à plus de 20 km/h.

Passage piétons

En principe, les piétons doivent emprunter les passages piétons qui se trouvent à moins de 50 mètres. **À l'approche d'un passage piétons, le motard doit ralentir et leur céder le passage lorsqu'ils sont déjà engagés sur la chaussée.** Le motard doit également s'arrêter dès la vue d'un piéton s'apprêtant à traverser.
Ce dernier est prioritaire en toutes circonstances, même lorsqu'il traverse la chaussée en dehors des passages qui lui sont destinés.

Enfants

Ils ne perçoivent pas la circulation comme les adultes en raison de leur petite taille et ils apprécient très mal les vitesses. Leur attention est limitée et ils ne pensent plus du tout à la circulation sur la chaussée, par exemple, lorsqu'ils jouent. Il est donc **indispensable de faire preuve de la plus grande prudence à leur approche** car ils peuvent avoir des réactions imprévisibles.

Séniors

Les personnes âgées sont également vulnérables car **elles se déplacent généralement lentement** et ont parfois des difficultés à voir et à entendre les véhicules. La traversée de la voie de circulation peut leur prendre beaucoup plus de temps et excéder le temps imparti par les feux tricolores. Il faut donc être patient et attendre qu'elles aient atteint le trottoir d'en face pour repartir.

DOS

En agglomération, il faut surveiller attentivement les piétons marchant dos à la moto. Sur un trottoir étroit, ils peuvent descendre sur la rue sans prévenir et surprendre le motard. Il faut s'écarter.

INCERTITUDE

Un piéton sur le bord de la chaussée avec le regard opposé au sens de circulation risque de s'engager sans prendre garde à la moto. Il faut se tenir prêt à freiner.

SÉNIOR

À cause de leur mobilité réduite, les personnes âgées décident parfois de traverser au plus court. Il faut leur laisser le temps de passer, sans klaxonner ni faire vrombir le moteur en signe d'impatience.

Les EDP

Les engins de déplacement personnel (EDP) ont envahi l'espace public et constituent désormais un moyen de déplacement avec lequel il faut partager la chaussée.

Deux types

Les engins de déplacement personnel sont classés en **deux catégories** :
– les EDP non motorisés : roller, trottinette, skateboard ;
– les EDP motorisés : monoroue, gyropode, overboard, trottinette électrique.
Les utilisateurs d'un EDP non motorisé sont assimilés à des piétons tandis que les conducteurs d'un EDP motorisés doivent être âgés d'au moins 12 ans.

Circulation

En ville, la circulation des EDP est obligatoire sur les bandes et pistes cyclables. Il leur est interdit d'utiliser les trottoirs (sauf arrêté municipal contraire).
Hors agglomération, les utilisateurs d'un EDP ont interdiction de circuler sur la chaussée. Ils doivent emprunter les pistes cyclables ou les voies vertes ou bien renoncer à utiliser ce type d'engin.

Équipement

Comme pour le vélo, le port du casque n'est pas obligatoire mais fortement recommandé. Pour circuler la nuit ou en cas de mauvaise visibilité, il faut **obligatoirement enfiler un gilet rétroréfléchissant hors agglomération**.
Le véhicule, dont la vitesse maximale est fixée à 25 km/h, doit être muni de dispositifs rétroréfléchissants, de feux avant et arrière, d'un frein et d'un avertisseur sonore.

Prudence

Comme avec les cyclistes, le motard doit se méfier à leur approche en raison de leur zone d'incertitude plus grande que celle des piétons. D'autant plus qu'avec la commercialisation d'EDP en libre-service, bon nombre d'utilisateurs n'en maîtrisent pas le maniement et circulent de façon parfois erratique.

ZONE D'INCERTITUDE

Instables, les trottinettes ont une zone d'incertitude plus large qu'un vélo avec des trajectoires erratiques. À leur approche, il faut augmenter sensiblement la distance latérale.

LIBRE-SERVICE

Dans les grandes villes, la multiplicité d'offres de location de trottinettes, plus ou moins maîtrisées par leurs utilisateurs, rend parfois difficile la cohabitation avec les conducteurs.

DÉPASSEMENT

Comme pour un cycliste au moment de son dépassement en agglomération, il faut laisser un espace latéral d'un moins un mètre pour effectuer une telle manœuvre sur un EDP.

Les cyclistes

La cohabitation entre les cyclistes et les autres usagers n'est pas toujours facile en agglomération. Il faut rester prudent à leur approche pour éviter d'être surpris.

⏭ Agilité

Avec l'encombrement des villes, la pratique du vélo s'est considérablement développée. Avec parfois des comportements inappropriés (feu rouge non respecté, changement de direction non signalé, circulation à contresens, faufilage entre les files de véhicules, etc.). Le motard doit se méfier et ne pas tenter de dépassement s'il n'est pas en mesure de respecter l'écart latéral minimal d'**un mètre en ville** et de **1,50 mètre hors agglomération**.

⏭ Sas de sécurité

Dans certaines villes, un **sas de sécurité** est matérialisé sur le sol, à l'aplomb des feux tricolores, par deux lignes transversales pointillées à l'intérieur desquelles seuls les vélos peuvent s'immobiliser. Les deux-roues motorisés ne sont pas autorisés à s'y mettre.

⏭ Contresens

En agglomération, la circulation à contresens des vélos s'est développée, ajoutant une difficulté supplémentaire pour les conducteurs. Compte tenu de leur zone d'incertitude, avec des écarts possibles de trajectoire d'une ampleur variable, **c'est à la moto de s'écarter pour éviter de heurter** un cycliste alors même qu'elle circule dans le sens de circulation.

⏭ Prioritaires

Sur un carrefour giratoire ou un rond-point, le motard doit **toujours laisser passer les cyclistes avant de sortir de l'anneau**. Lors d'un changement de direction à droite, et tout particulièrement en présence d'une bande ou d'une piste cyclable, il faut s'assurer qu'aucun deux-roues n'arrive sur son côté droit avant de virer. Par ailleurs, les utilisateurs de vélos électriques bénéficient d'une capacité d'accélération qui peut surprendre le motard.

ÉCART

En agglomération, il faut laisser un espace latéral d'au moins un mètre avec le cycliste dépassé en veillant à ne pas le surprendre pour ne pas le faire chuter.

RENCONTRE

Autorisée ou non, la circulation à contresens des cyclistes dans une voie à sens unique étroite oblige le motard à ralentir et à s'écarter.

SAS

Même si aucun cycliste n'y est présent, il faut respecter le sas de sécurité qui leur est dédié en s'immobilisant avant le marquage au sol.

Poids lourds et bus

Les véhicules de grand gabarit sont lents et occupent plus de place. À leur approche, le motard doit s'assurer qu'il a bien été vu par le conducteur.

Manœuvre

Les camions, bus et autocars, en raison de leur gabarit, ont besoin de plus d'espace pour manœuvrer. Notamment en se déportant vers la gauche pour effectuer un virage à droite. Le motard doit **se méfier** et surtout ne pas tenter de dépasser par la droite.

Visibilité

Leur grande taille masque non seulement la signalisation aux conducteurs qui suivent de trop près mais aussi l'état de la chaussée. Le motard risque alors d'être surpris par un trou, une ornière ou un obstacle présent sur sa voie de circulation et qu'il n'a plus le temps d'éviter.
De même, le motard qui ne respecte pas une distance de sécurité suffisante n'apparaît pas dans les rétroviseurs du poids lourd ou du véhicule de transports en commun suivi. Il doit se déporter suffisamment vers la gauche **pour apparaître dans les rétroviseurs** et être ainsi vu par le chauffeur.

Vent

Par vent fort, la moto **risque d'être déportée** lorsqu'elle double ou lorsqu'elle croise un véhicule au gabarit important. Il faut alors tenir fermement le guidon et se maintenir au milieu de sa voie de circulation pour éviter d'être poussé vers l'accotement.

Croisement et dépassement

En principe, les véhicules aux dimensions importantes (au moins 2 m de largeur et 7 m de longueur) doivent faciliter le passage des autres véhicules lorsque la chaussée n'est pas suffisamment large pour une circulation à double sens. Même si sa moto est plus étroite qu'une voiture, **le motard doit s'assurer qu'il dispose d'un espace latéral de sécurité suffisant pour passer**. Avant d'effectuer le dépassement d'un véhicule encombrant qui masque la visibilité, le motard doit prendre en considération plusieurs éléments : vitesse du véhicule, sa longueur, l'espace disponible à l'avant, etc.

DÉPORT

En raison de ses dimensions, le bus est contraint de se déporter à gauche pour tourner à droite. Même peu large, la moto ne doit pas passer à droite.

DISTANCE

Coller de trop près un véhicule encombrant rend le motard indétectable pour le conducteur du bus et augmente le risque de collision en cas de freinage.

VENT

Croiser ou doubler un véhicule de grandes dimensions génère un appel d'air qui peut déstabiliser la moto. Il faut tenir fermement le guidon.

Véhicules lents

Paradoxalement, lorsqu'elle est inhabituellement faible, la vitesse constitue également un facteur de danger lorsque les usagers ne sont pas vigilants.

⏭ Vitesse très réduite

Certains véhicules circulent sur la voie publique **à des vitesses très réduites qui peuvent surprendre les autres usagers**. C'est la raison pour laquelle ils sont munis d'un ou de plusieurs gyrophares de couleur jaune pour signaler leur présence (tracteurs agricoles, véhicules de nettoyage, chasse-neige, etc.). Le motard doit faire preuve de vigilance à leur approche en ralentissant et ne les dépasser qu'avec la plus grande prudence car ces véhicules peuvent circuler de façon aléatoire (arrêts fréquents, changement de direction, etc.).

⏭ Convois exceptionnels

Les véhicules au gabarit hors norme, par la taille et/ou le poids, bénéficient d'une **priorité de passage aux intersections**. En présence de feux tricolores, ils peuvent passer au feu rouge dès lors que le véhicule de guidage placé devant est, lui, passé au feu vert.

Les autres usagers doivent s'arrêter et, si nécessaire, se déporter sur l'accotement pour faciliter le passage du convoi.

⏭ Véhicules agricoles

Sur le réseau secondaire et plus particulièrement sur les petites routes de campagne, les tracteurs et autres moissonneuses circulent aux alentours de 25 km/h et, de par leur encombrement, peuvent constituer de véritables murs sur la voie. Ces véhicules agricoles sont nombreux durant les périodes de récoltes et de semence et amènent de la boue sur la route. **La prudence s'impose dans ces zones glissantes.**

⏭ Collecte des ordures

En ville, les véhicules affectés au ramassage des ordures circulent lentement et s'arrêtent très fréquemment. Il faut respecter une distance de sécurité importante à l'arrière afin de laisser les agents travailler sans risque. Le motard doit également surveiller l'état de la chaussée pour repérer d'éventuels déchets tombés des poubelles qui peuvent rendre la route glissante.

TRAVAUX PUBLICS

Le conducteur d'un engin de travaux public est concentré sur sa tâche et n'aperçoit pas nécessairement la moto qui arrive derrière. Il faut garder ses distances.

ORDURES MÉNAGÈRES

Durant la collecte des ordures ménagères, le camion est amené à s'arrêter très fréquemment et à changer de direction. Son dépassement doit être effectué avec prudence.

TRACTEUR

Prudence face aux véhicules agricoles qui circulent lentement, empiètent parfois sur l'autre sens de circulation et salissent la route, devenue alors glissante, lorsqu'ils sortent d'un champ.

Les véhicules d'urgence

Les véhicules prioritaires

Lorsqu'ils actionnent leur sirène et leurs gyrophares, les véhicules d'intérêt général sont **prioritaires** et les conducteurs doivent leur **céder le passage**. Ces véhicules sont classés en deux catégories.

Urgence prioritaire

Sont prioritaires sur tous les autres usagers, les véhicules :
- de police nationale et municipale ;
- de gendarmerie ;
- de lutte contre l'incendie ;
- d'intervention médicale d'urgence (SAMU, SMUR) ;
- des douanes ;
- de l'administration pénitentiaire.

Priorité de passage

Dès lors qu'ils actionnent leur sirène (à 2 tons et à 2 temps) et leurs gyrophares (de couleur bleue), il faut leur céder ou leur faciliter le passage, au besoin en se rangeant sur le bord de la chaussée ou même en « grillant » prudemment un feu rouge. Ces véhicules ne sont pas assujettis à la signalisation (feux tricolores, marquage au sol, sens de circulation) et leur vitesse n'est pas limitée. Il est par ailleurs interdit de les suivre.

Facilité de passage

D'autres véhicules équipés de gyrophares, dont certains remplissent une mission d'intérêt général, bénéficient d'une simple facilité de passage.

Utilité publique

Plusieurs catégories de véhicules d'intervention rapide bénéficient d'une facilité de passage comme, notamment :
- les ambulances et VSL ;
- les véhicules de secours (gaz, électricité) ;
- les médecins d'urgence ;
- les véhicules des sociétés d'autoroute (uniquement sur leur réseau).

Céder le passage

N'étant pas prioritaires, ces véhicules sont en principe tenus de respecter la réglementation (signalisation, vitesse, etc.) mais, dans la mesure du possible, il faut leur permettre de circuler rapidement lorsqu'ils utilisent leur avertisseur sonore (à 2 tons et 3 temps) et leurs gyrophares (de couleur bleue).

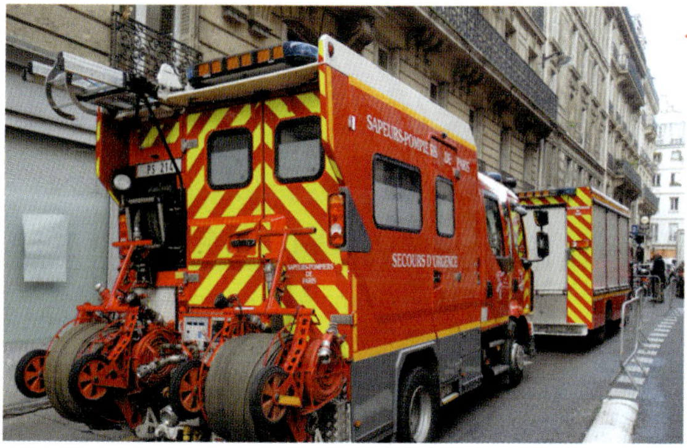

SECOURS

Lorsque les véhicules de secours occupent la chaussée que l'on souhaite emprunter, il faut choisir un autre itinéraire pour ne pas gêner leur intervention.

AMBULANCE

Il n'est pas nécessaire de faciliter le passage d'une ambulance qui n'actionne ni sa sirène ni son gyrophare, signifiant ainsi qu'elle n'est pas en intervention.

FORCES DE L'ORDRE

La voie de circulation doit être rapidement dégagée lorsque des véhicules de police ou de gendarmerie circulent à grande vitesse.

4 Circuler avec les autres usagers

1

Je surveille :

– la partie gauche de la chaussée

A OUI B NON

– la partie droite de la chaussée

C OUI D NON

2

Je tiens compte de ce panneau :

– hors des vacances scolaires

A OUI B NON

– pendant les vacances scolaires

C OUI D NON

3

A Je ralentis et continue en surveillant le piéton

B Je continue à la même allure

C Je m'arrête

4

Les angles morts au niveau du camion sont moins importants si je me rapproche :

A OUI B NON

5

Ce marquage au sol indique :

A un arrêt de bus

B une voie réservée aux bus

Je dois faire un écart : C OUI D NON

6

Cette rue est à sens unique :

A OUI B NON

Les cyclistes circulent dans les deux sens :

C OUI D NON

1AC / 2AC / 3C / 4B / 5AD / 6AC

7

Je peux klaxonner pour qu'ils se dépêchent de traverser : A OUI B NON

Je peux m'engager en me décalant sur la gauche : C OUI D NON

8

Je peux dépasser ce cycliste par la droite :
A OUI B NON

9

Ce virage est équipé d'un système de retenue pour les motards en cas d'accident : A OUI B NON

Ce dispositif est efficace quelle que soit la vitesse : C OUI D NON

10

Les usagers à cyclomoteur, par rapport aux automobilistes :

A ont une formation plus courte

B ont une zone d'incertitude plus large

C ont une vitesse maximale plus élevée

11

Je suis bien placé pour tourner :
A à droite B à gauche

Je surveille attentivement l'arrière :
C OUI D NON

12

Un piéton est un usager vulnérable :
A OUI B NON

7BD / 8B / 9AD / 10B / 11BC / 12A

4 Circuler avec les autres usagers

13

Au moment du dépassement de ce poids lourd :

A je vais être déporté sur la droite

B je vais être déporté sur la gauche

C je ne vais pas être déporté

14

L'avertisseur sonore est un accessoire de sécurité : **A** OUI **B** NON

C'est un moyen de communication hors agglomération : **C** OUI **D** NON

15

En circulant ici, je suis visible de tous les conducteurs : **A** OUI **B** NON

Je klaxonne pour m'annoncer :

C OUI **D** NON

16

Pour une courte durée, je peux stationner à cet endroit :

A OUI **B** NON

17

Les piétons dont je dois le plus me méfier sont :

A ceux qui me tournent le dos

B ceux qui arrivent face à moi

18

La signalisation autorise le dépassement :

A OUI **B** NON

La visibilité permet le dépassement :

C OUI **D** NON

13A / 14AC / 15BD / 16B / 17A / 18AC

19

Sont autorisés à circuler dans la voie de droite :

A les bus

B les trottinettes électriques

C les motos

20

Le conducteur du poids lourd peut me voir :

A OUI B NON

21

Le dernier d'un groupe de motards, par rapport au premier, a tendance à circuler :

A plus vite

B moins vite

22

J'aurais dû laisser passer le piéton :

A OUI B NON

23

Derrière ce véhicule, je dois anticiper des difficultés :

– de visibilité A OUI B NON

– d'adhérence C OUI D NON

24

Je bénéficie d'une priorité de passage sur ce piéton : A OUI B NON

Je freine fortement :

C OUI D NON

19AB / 20A / 21A / 22B / 23AC / 24BD

Circuler avec les autres usagers

25

Je dépasse le bus :

A OUI B NON

J'accélère :

C OUI D NON

26

Un usager en trottinette est plus stable qu'un piéton : A OUI B NON

La zone d'incertitude est plus importante pour les trottinettes que pour les piétons : C OUI D NON

27

Je peux dépasser ce véhicule par la droite :

A OUI B NON

28

Ce motard me remercie :

A OUI B NON

C'est une façon de communiquer :

C OUI D NON

29

Lors du dépassement, ce cycliste risque :

A d'être surpris

B de faire un écart

Je dois respecter un intervalle de sécurité d'au moins : C 1 m D 1,5 m

30

Je suis attentif à ce qui se passe à l'avant du bus :

A OUI B NON

Je peux accélérer :

C OUI D NON

25AD / 26BC / 27B / 28AC / 29ABC / 30AD

31

Les véhicules lourds circulent lentement dans les montées et les descentes :

A OUI **B** NON

32

Hors agglomération, la situation d'accident la plus fréquente avec un poids lourd est due :

A à une perte de contrôle du poids lourd

B à une perte de contrôle de la moto

33

Tant que je ne peux pas démarrer, je maintiens une action sur le frein en permanence :

A OUI **B** NON

34

Je peux dépasser par la droite ce véhicule qui indique qu'il tourne à gauche :

A OUI **B** NON

35

Je peux klaxonner :

– pour annoncer ma présence

A OUI **B** NON

– pour presser le conducteur de ce camion **C** OUI **D** NON

36

Les montants d'une voiture peuvent cacher un deux-roues par intermittence :

A OUI **B** NON

31A / 32B / 33A / 34A / 35BD / 36A

Circuler avec les autres usagers

TEST EN SITUATION 1

Flashez le QR code

Visionnez la vidéo puis répondez à la question sur les piétons.

liennathan.fr/vm299j

TEST EN SITUATION 2

Flashez le QR code

Visionnez la vidéo puis répondez à la question sur les dépassements.

liennathan.fr/wb2h94

5 La mécanique

Présentation

Un motard doit connaître parfaitement sa moto et particulièrement les points de contrôle qu'il doit effectuer régulièrement.

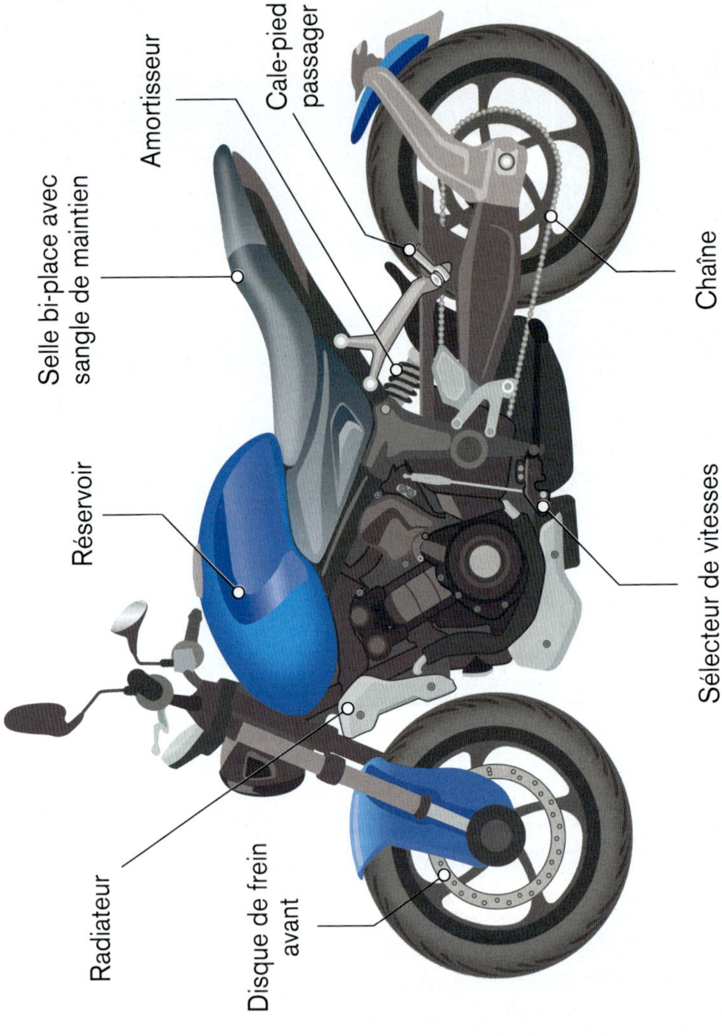

ACCÉLÉRATEUR

La poignée droite sert d'accélérateur et doit revenir à sa position initiale quand elle est relâchée.

FREIN AVANT

La main droite actionne le levier du frein avant dont le jeu est réglable sur la plupart des motos.

PÉDALE

Le frein arrière se situe devant le repose-pied droit.

Entretien

Le bon entretien régulier de la moto permet d'assurer sa longévité et constitue un gage de sécurité pour son utilisateur.

Niveaux

Avant de circuler, il faut prendre quelques minutes pour contrôler plusieurs niveaux. La moto doit être placée sur sa béquille centrale ou, à défaut, tenue droite :
– liquide de frein avant et arrière : le niveau doit être compris entre le mini et le maxi ;
– liquide de refroidissement : en cas de niveau inférieur au mini, il faut en ajouter en prenant soin de ne pas dépasser le niveau maxi ;
– huile moteur : le contrôle du niveau d'huile se fait moteur froid. Sur une moto à carter sec, il faut faire tourner le moteur quelques minutes avant de vérifier à nouveau le niveau.

Direction et fourche

Le maniement du guidon doit être fluide, sans « point dur », lorsqu'on le tourne des deux côtés jusqu'à la butée. Le té de fourche, au centre du guidon, doit être bien serré.

Radiateur

Indispensable au refroidissement du moteur, le radiateur doit faire l'objet d'un soin attentif : retirer toutes les impuretés (feuille, terre, etc.), éviter de le laver à haute pression afin de ne pas détériorer les ailettes, vérifier le bon état du ventilateur.

Suspension

Aucune trace d'huile ne doit apparaître sur les tubes de fourches. Pour vérifier la parfaite étanchéité des suspensions, il suffit d'appuyer fortement sur le guidon pour faire travailler les suspensions de haut en bas.

Béquille

La moto dispose d'une béquille latérale pour permettre son stationnement. Il faut s'assurer qu'elle est bien serrée et que son inclinaison est correcte pour assurer la stabilité de la moto.
L'efficacité de la béquille latérale est également conditionnée à l'état du sol. Il faut éviter de stationner sur un sol en pente et/ou mou (sable, terre, herbe, etc.). Par ailleurs, la béquille contribue à la sécurité en coupant le moteur si le motard enclenche la première vitesse et débraye sans l'avoir préalablement repliée.
Certains modèles disposent d'une béquille centrale qui, elle, permet d'immobiliser l'engin droit. Ce qui facilite l'inspection des niveaux.

Notice

Une lecture attentive de la notice d'utilisation du constructeur permet de connaître les caractéristiques de la moto et, surtout, la périodicité des révisions et du remplacement des pièces usées.

POINT DUR

À l'arrêt, le motard doit régulièrement vérifier qu'aucun point dur n'apparaît lorsqu'il tourne le guidon de chaque côté.

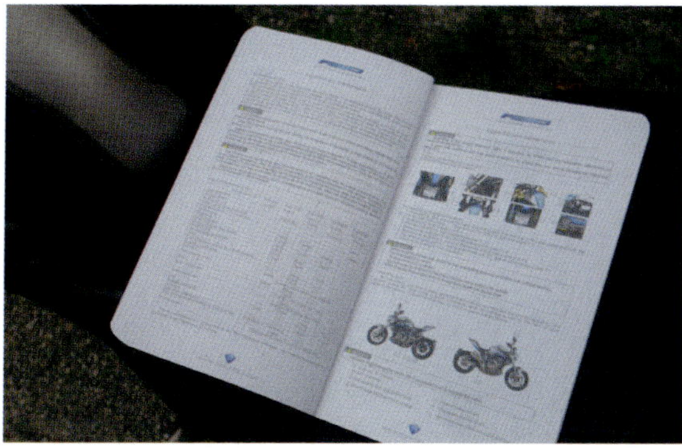

NOTICE

La période de rodage, les vérifications périodiques, les points à surveiller, la cadence des révisions… toutes ces informations sont contenues dans la notice du constructeur qu'il faut lire.

BLOCAGE

Par sécurité, la béquille latérale restée au sol fait caler le moteur lorsque le motard enclenche une vitesse et tente de s'élancer.

Guidon

Sur une moto, les différentes commandes sont réparties des deux côtés de l'engin, actionnées selon leur fonction, par les mains et les pieds.

Côté gauche

La poignée gauche reste fixe et ne sert qu'à diriger la moto. En revanche, le levier gauche permet d'actionner l'embrayage. Sa course est réglable pour pouvoir laisser un jeu de plus ou moins 5 millimètres.
Le pied gauche actionne le levier de la boîte de vitesse. La première vitesse se trouve en bas et il faut soulever le levier pour passer les vitesses supérieures. Le point mort est placé entre la première et la seconde vitesse.
Sur le commodo gauche, selon les modèles, le motard dispose de plusieurs commandes :
- les clignotants ;
- l'avertisseur sonore ;
- les feux de détresse ;
- le réglage électronique des suspensions ;
- le défilement des informations disponibles sur le tableau de bord.

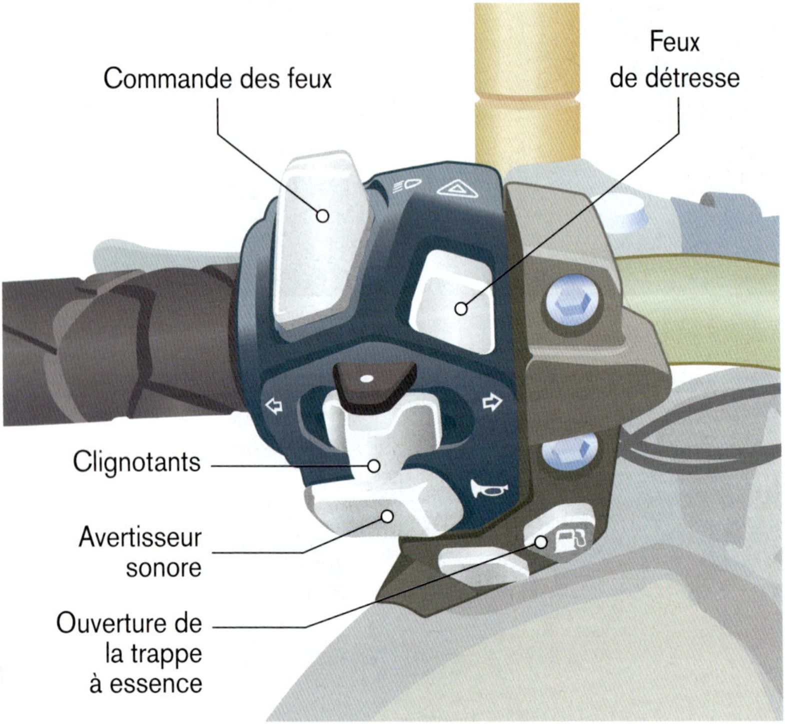

CLIGNOTANTS

L'utilisation des clignotants est absolument essentielle pour la sécurité du motard qui peut ainsi informer les autres usagers sur ses changements de direction.

FONCTIONS

L'ergonomie des différents modes de fonctionnement de la moto varie selon les constructeurs. Il faut en prendre connaissance dès le début.

AVERTIR

L'utilisation de l'avertisseur sonore est interdite en agglomération sauf en cas de danger imminent.

Guidon

⏭ Côté droit

Sur la poignée de droite se trouve l'accélérateur que le motard tourne vers le haut pour prendre de la vitesse. Cette poignée doit comporter un léger jeu latéral et revenir automatiquement à sa position initiale lorsqu'elle est relâchée.

Le levier droit permet d'actionner le frein avant – le plus puissant – indépendamment du frein arrière. Sur les modèles récents, il est possible de régler la course du levier afin de mieux doser son freinage.

Sous le pied droit se situe la pédale du frein arrière. Son utilisation est moins précise que celle du frein avant et nécessite un temps d'adaptation pour bien doser la pression exercée.

Sur le commodo droit, selon les modèles, le motard trouve plusieurs fonctions :

- démarreur et coupe-circuit ;
- chauffage des poignées ;
- commande d'appel d'urgence (e-call) ;
- modes de fonctionnement du moteur.

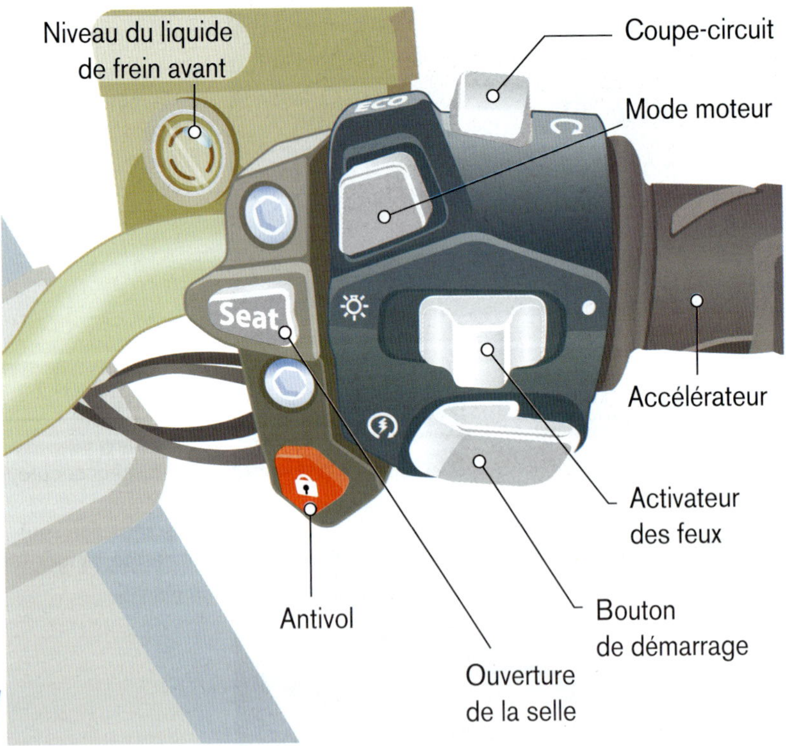

FREIN AVANT

Accompagné de l'ABS, le frein avant est d'une efficacité redoutable. À tel point qu'il faut éviter de l'utiliser en courbe sous peine de tirer tout droit.

COUPE-CIRCUIT

Large pour être facilement actionné, le coupe-circuit arrête instantanément le moteur. Il faut prendre soin de ne pas l'actionner accidentellement.

RÉGLAGE

La course de la pédale de frein arrière est ajustable en fonction des besoins du motard et de sa morphologie.

Tableau de bord

Avec la généralisation de l'électronique, les motos récentes disposent d'un tableau de bord numérique permettant d'obtenir de nombreuses informations utiles pour la conduite.

Démarrage

Au démarrage de la moto, tous les voyants du tableau de bord s'allument puis les témoins d'alerte s'éteignent, informant le motard que tout est en ordre et qu'il peut circuler.
Occasionnellement, il faut actionner le coupe-circuit, qui arrête le moteur, pour s'assurer de son bon fonctionnement.

Voyants

Il est impératif de connaître la signification des différents témoins figurant à l'écran :

1 2 3 4 5 6

1. Au démarrage, ce voyant informe du bon fonctionnement de l'ABS. Il s'allume en circulation s'il y a un problème de fonctionnement.
2. S'allume quand le niveau de carburant est faible.
3. Signale un problème au niveau du moteur.
4. Alerte d'une surchauffe du liquide de refroidissement.
5. Indique un problème de pression d'huile.
6. Alerte d'un problème grave nécessitant de s'arrêter rapidement.

Visibilité

La conduite d'une moto se fait partiellement à l'oreille lorsqu'il s'agit de changer de rapport, le motard n'ayant pas besoin de vérifier son régime moteur à l'écran. Néanmoins, le tableau de bord doit être parfaitement visible et lisible. Les accessoires comme, par exemple, le porte-téléphone ou le GPS ne doivent pas être installés devant l'écran.

ABS

Sur cette moto, au démarrage, le voyant de l'ABS reste allumé 5 secondes pour confirmer au motard son bon fonctionnement. La lettre N sur fond vert indique que la boîte de vitesse est au point mort.

MENU

Selon les modèles, le motard dispose d'une palette plus ou moins large pour paramétrer ses aides à la conduite comme, par exemple, le mode moteur ou la traction pluie/sec.

REGARD

Les yeux du motard doivent être focalisés sur la route. Le contrôle régulier du tableau de bord doit s'effectuer une fraction de seconde et porter avant tout sur la vitesse de la moto.

Équipement obligatoire

L'entretien des optiques est absolument impératif sur une moto dont la visibilité est moindre que celle des autres véhicules.

À l'avant

La moto doit obligatoirement disposer de :
- 1 ou 2 feux de position, visibles à 150 mètres ;
- 1 ou 2 feux de croisement d'une portée d'au moins 30 mètres ;
- 1 ou 2 feux de route d'une portée minimale de 100 mètres ;
- 2 clignotants.

L'utilisation **des feux de croisement est obligatoire** en toutes circonstances.

Le fonctionnement accéléré des clignotants ou du témoin indique qu'une ampoule est grillée. Son changement doit intervenir le plus rapidement possible.

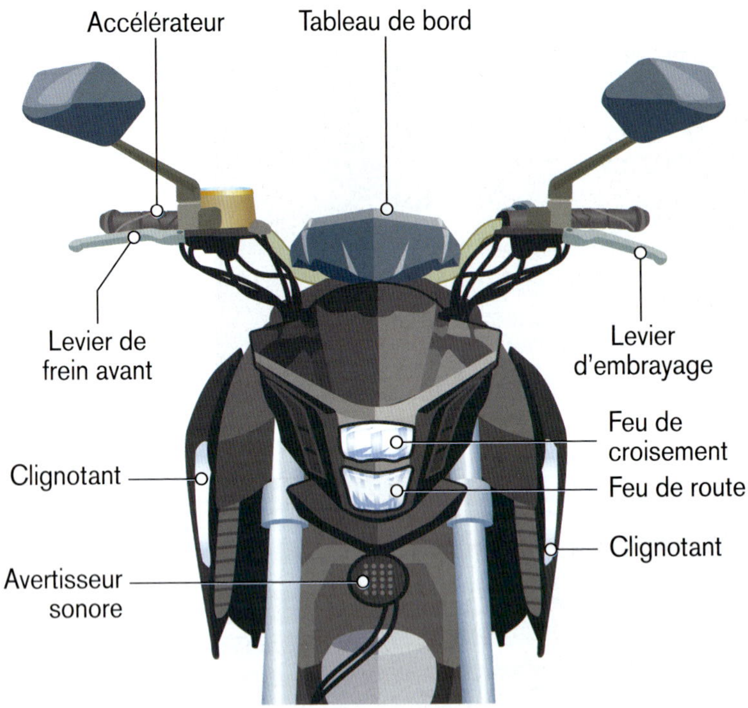

AUTOMATIQUE

Le démarrage de la moto entraîne automatiquement l'allumage du feu de croisement ou, le cas échéant, du feu diurne.

NUIT

L'éclairage produit par le feu de route d'une moto n'est pas aussi performant que celui d'une voiture. Il faut en tenir compte lorsque l'on circule de nuit.

ENTRETIEN

Il faut régulièrement vérifier le bon état et le bon fonctionnement des clignotants. Sur bon nombre de motos, ils sont très exposés aux chocs.

Équipement obligatoire

À l'arrière

La moto doit disposer de :
- 1 ou 2 feux de position, de couleur rouge, visibles à 150 mètres ;
- 2 clignotants ;
- 1 feu stop ;
- 1 éclairage de la plaque d'immatriculation permettant sa lecture, de nuit, à au moins 20 mètres ;
- 1 catadioptre réfléchissant la lumière à au moins 100 mètres.

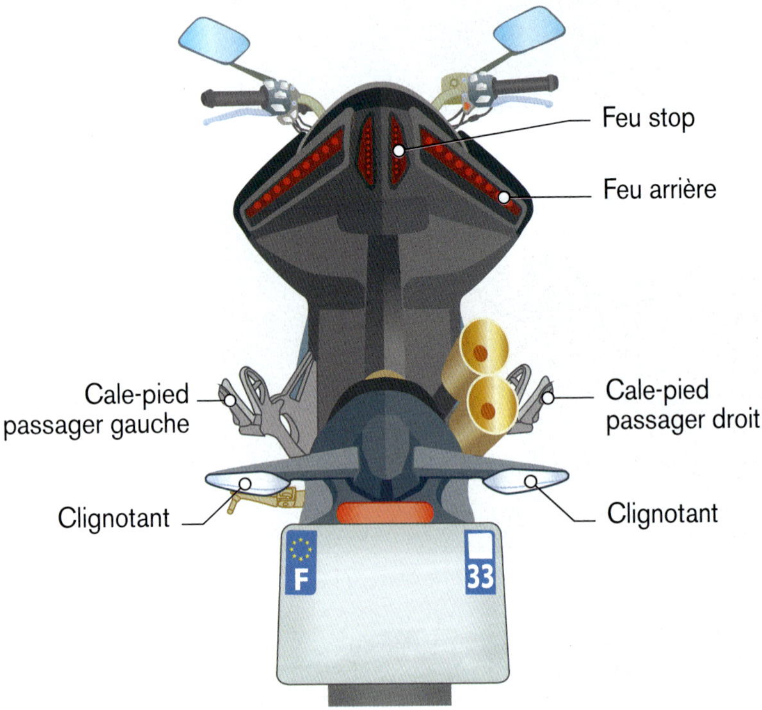

FEU ROUGE

La bonne détection de la moto par les conducteurs suiveurs dépend directement de ce feu. Il doit être vérifié avant chaque trajet.

APPEL

La distinction entre le feu rouge et le feu stop n'est pas toujours bien perçue par les automobilistes. Faire des appels de feu stop avant un freinage permet d'attirer leur attention.

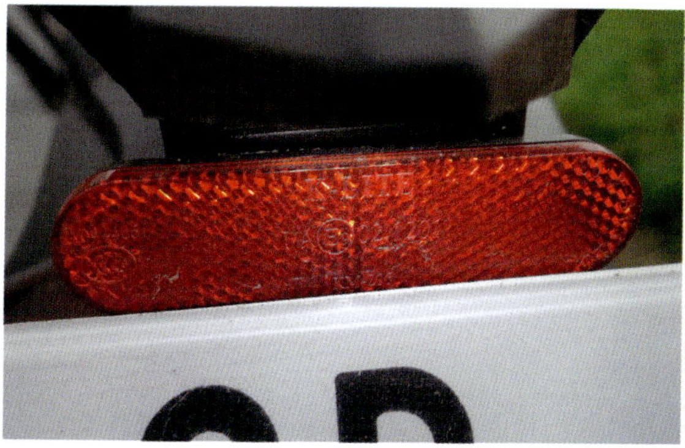

RÉFLEXION

Le catadioptre arrière doit être en parfait état pour jouer un rôle d'avertisseur lumineux quand il entre dans le faisceau des feux du véhicule suiveur.

Équipement facultatif

Il est possible d'équiper la moto de feux supplémentaires sans altérer l'homologation du deux-roues.

Feux diurnes

Les motos peuvent être équipées d'un ou de deux feux de jour afin d'être plus visibles par les autres usagers. Généralement à LED, ces feux diurnes de couleur blanche sont installés uniquement à l'avant de la moto.

Feux de détresse

Toutes les motos, même récentes, ne sont pas systématiquement équipées de feux de détresse. Certains constructeurs en équipent en série leurs modèles haut de gamme mais, dans la plupart des cas, ces feux sont proposés en option.

Antibrouillard

L'installation d'un ou de deux feux de brouillard est possible à l'avant et/ou à l'arrière de la moto. Cet équipement peut s'avérer utile dans les régions propices aux nappes de brouillard pour compenser la faiblesse de l'éclairage d'origine.

Feux adaptatifs

Encore peu répandus, ces phares s'adaptent notamment à l'inclinaison de la moto dans les virages afin d'améliorer – un peu – la vision nocturne du motard.

Pièces de rechange

D'origine, les optiques disposent tous d'ampoules ou de LED dûment homologués. En cas de remplacement, il faut obligatoirement choisir un modèle répondant aux normes en vigueur, ce qui n'est pas forcément le cas pour les produits vendus sur Internet. L'éclairage n'étant pas la qualité première d'une moto, mieux vaut éviter d'installer des pièces non conformes et dont les performances sont médiocres.

JOUR

La vocation du feu diurne n'est pas d'éclairer devant la moto mais de renforcer sa détection par les autres conducteurs.

DANGER

Si la moto en dispose, les feux de détresse doivent être actionnés pour signaler un fort ralentissement ou un danger imminent aux autres conducteurs.

BROUILLARD

Le feu de brouillard, facultatif, est parfois intégré dans l'optique de la moto, en complément des feux de croisement et de route.

Trois types de transmission

Il existe actuellement trois modes de transmission de la puissance générée par le moteur vers la roue arrière motrice.

Chaîne

La transmission par chaîne est la plus répandue en raison de ses multiples qualités : simplicité, légèreté, dispositif économique.
En revanche, ce type de transmission nécessite un entretien régulier car la chaîne s'oxyde et se détend.
Pour éviter la casse de la chaîne, il faut en vérifier l'état régulièrement :
- état des dents au niveau de la couronne (elles doivent être pointues) ;
- retrait de la graisse ancienne et des salissures ;
- regraissage (de préférence après avoir roulé, quand la chaîne est encore chaude).

Conformément aux préconisations du constructeur, le kit (chaîne et couronne dentée) doit être périodiquement changé.
Tous les 500 km environ, le débattement de la chaîne doit faire l'objet d'une vérification pour s'assurer d'un débattement de 2 à 3 cm sous le bras oscillant (voir le manuel d'entretien).

Cardan

Moins répandue, la transmission par cardan offre un fort agrément de conduite, requiert peu d'entretien mais elle alourdit le poids de la moto et ne transmet pas intégralement la puissance du moteur.
Ce type de transmission étant peu accessible, le contrôle et l'entretien du cardan doivent être confiés à un professionnel.

Courroie

La transmission par courroie nécessite peu d'entretien. Elle est légère mais elle a une durée de vie plus courte que la chaîne, même en cas d'utilisation modérée de la moto.
Avec le temps et le kilométrage parcouru, quel qu'il soit, la courroie se détériore. Un contrôle visuel permet de vérifier l'absence de déchirure.

CHAÎNE

La transmission par chaîne domine très largement le marché motocycliste par sa simplicité d'entretien.

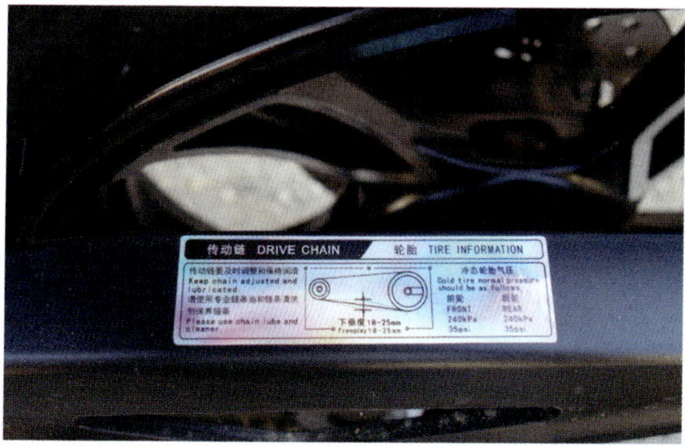

CONTRÔLE

Une bonne tension de la chaîne laisse un jeu qui oscille autour de 2 centimètres avec un nettoyage et un graissage réguliers.

CARDAN

Système plus sophistiqué que la transmission par chaîne, le cardan offre un grand agrément d'utilisation. Son poids le limite aux motos de grosse cylindrée.

Le freinage en trois éléments

La sécurité d'un motard dépend de sa conduite mais aussi de l'efficacité de ses freins, qui doivent absolument être en parfait état de fonctionnement.

Disque

Solidaire de la roue, le **disque freine la moto** lorsque les plaquettes viennent l'enserrer. Pour l'efficacité du freinage, il faut vérifier que le disque n'est ni voilé ni fissuré.

Plaquettes

Petites plaques en métal, elles viennent mordre le **disque**. Au contact de ce disque, les plaquettes s'usent et doivent régulièrement être changées. Une conduite sportive accélère cette usure.

Par ailleurs, une baisse rapide du niveau du liquide de frein peut signifier une usure des plaquettes.

Étriers

Les plaquettes de frein sont enfermées dans des étriers équipés de pistons qui les poussent contre le disque. Ils doivent rester propres pour assurer leur rôle.

ATTENTION

L'ABS

En cas de freinage d'urgence, l'ABS réduit le risque de blocage des roues et de dérapage qui entraîne la perte de contrôle de la moto.

Attention : l'ABS ne réduit pas les distances de freinage et se contente simplement d'optimiser l'efficacité de l'arrêt de la moto.

La couronne d'ABS doit être en parfait état : ni voilée, ni fendue, ni sale.

Il faut vérifier que les petits orifices de la couronne ne sont pas obstrués par des impuretés (boue, gravier, herbe, etc.).

DISQUE DUR

S'il paraît extrêmement robuste, le disque de frein doit néanmoins être surveillé. Le moindre défaut peut annihiler l'efficacité du freinage.

DENTELLE

Le disque du système ABS doit être en parfait état de propreté avec des ouvertures dégagées des impuretés qui s'y agglomèrent.

ÉTRIERS

Les plaquettes de frein sont contenues dans les étriers qu'il faut maintenir propres, en évitant toutefois de les nettoyer avec un jet d'eau sous pression.

Pression

Uniques points de contact entre la moto et la chaussée, les pneus doivent faire l'objet de toutes les attentions.

⏭ Gonflage

La **pression recommandée** par le manufacturier est systématiquement indiquée sur la moto par une **étiquette**. Cette pression peut être différente entre les deux roues.

Les préconisations du constructeur portent sur un **pneu froid**. Lorsque celui-ci est chaud, il faut ajouter 0,3 bar à la pression recommandée :

– un pneu sous-gonflé détériore la tenue de route, évacue mal l'eau et monte rapidement en température au risque d'éclater ;

– un pneu surgonflé s'avère utile en cas de chargement (passager, bagages) ou de long trajet sur autoroute ou voie rapide.

Même avec une valve coudée, censés retarder le phénomène, un pneu perd inexorablement de l'air.

⏭ Inclinaison

Une moto a besoin d'être inclinée dans les courbes, ce qui entraîne une réduction de la surface du pneu au contact de l'asphalte. La tenue de route est dégradée lorsque les pneus ne sont pas à la bonne pression.

⏭ Sens de rotation

Les pneus de moto ont tous un **sens de rotation**, indiqué par une flèche présente sur le flanc. Il est impératif de respecter ce sens sous peine de perdre le contrôle de la moto lorsque la vitesse avoisine les 50/60 km/h.

⏭ Rodage

Les premiers kilomètres effectués avec des pneus neufs requièrent la plus grande prudence. La paraffine qui recouvre la surface du pneu le rend glissant. Il faut parcourir au minimum une centaine de kilomètres pour qu'elle se dissolve au contact de l'asphalte. Ce risque de glissade est encore plus important si ces premiers kilomètres sont effectués sur sol humide.

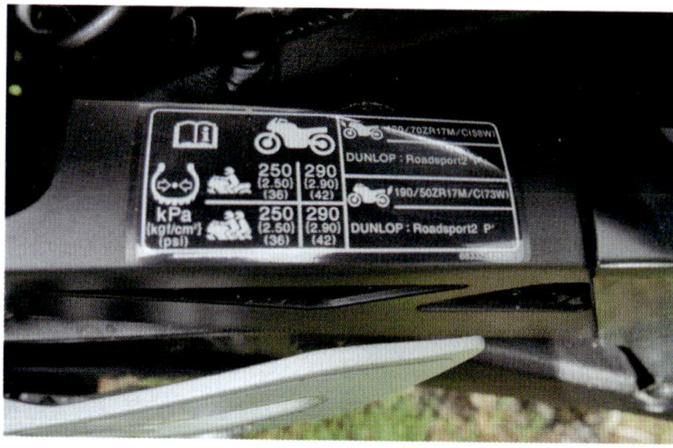

PRÉCONISATION

La pression des pneumatiques recommandée par le constructeur est généralement directement indiquée sur la moto.

COURBURE

Avec leur forme arrondie, les pneus d'une moto autorisent une forte inclinaison en virage, dans la limite du raisonnable.

ROTATION

La monte des pneus doit respecter le sens de rotation indiqué sur le flanc, sous peine de dégrader la tenue de route et d'accélérer leur usure.

Usure

Tous les pneus disposent d'un témoin d'usure qui, lorsqu'il affleure la surface, signale au motard qu'il est temps de les changer.

⏭ Témoin

La profondeur minimale des sculptures du pneu ne doit pas être **inférieure à 1 millimètre**. Inséré dans l'une des rainures du pneu, le témoin ne doit pas apparaître à la surface. Dans le cas contraire, par temps de pluie, le pneu n'est plus en mesure d'évacuer efficacement l'eau et expose le motard au phénomène d'aquaplanage et donc à une probable chute.

⏭ Conduite

Sans surprise, une conduite sportive avec de fortes accélérations et des freinages appuyés entraîne une usure prématurée des pneus.

Par ailleurs, un pneu n'atteint son niveau de pleine efficacité qu'après quelques kilomètres, le temps d'atteindre la température adéquate. La tenue de route est plus précaire encore en début de parcours lorsque le pneu est usé.

⏭ Longévité

La conduite du motard influe directement sur la durée de vie des pneus. Les fortes accélérations et les freinages appuyés provoquent une usure prématurée, principalement du pneu arrière. D'une manière générale, le **pneu arrière souffre plus car il supporte la transmission de la puissance du moteur** et la majeure partie du poids de la moto. La périodicité de son remplacement est donc plus rapide que celle du pneu avant.

SCULPTURES

Il ne faut pas attendre l'apparition du témoin d'usure à fleur de pneu pour procéder à son changement.

ÉVACUATION

Sur route humide, le pneu doit pouvoir évacuer l'eau pour assurer l'équilibre de la moto. La vitesse de la moto ne doit pas être trop élevée.

MODIFICATION

Le motard peut librement choisir son manufacturier mais il doit respecter les dimensions préconisées par le constructeur de la moto.

5 La mécanique

1

Une baisse du niveau de liquide de frein peut indiquer une usure des plaquettes :

A OUI B NON

2

C'est à cet endroit que l'on vérifie la flèche de la chaîne : A OUI B NON

La tension de la chaîne dépend :

C de son usure

D de la charge transportée

3

Le bon état de cette couronne permet le bon fonctionnement de l'ABS :

A OUI B NON

Si l'ABS ne fonctionne pas, le freinage sera inactif : C OUI D NON

4

La bande de roulement atteint le témoin d'usure :

A OUI B NON

Le risque d'aquaplanage augmente avec :

C la vitesse D l'usure des pneus

5

Certaines motos sont équipées :

– d'embrayage automatique

A OUI B NON

– de boîte de vitesse automatique

C OUI D NON

6

La notice d'utilisation de la moto peut aider à faire les vérifications :

A OUI B NON

1A / 2ACD / 3AD / 4BCD / 5AC / 6A

7

Le niveau d'huile de cette moto est :

- **A** au minimum
- **B** au maximum

8

Toutes les motos sont équipées d'origine :

- **de feux de détresse** — **A** OUI — **B** NON
- **de retour de clignotant** — **C** OUI — **D** NON

9

Le liquide de frein se contrôle sur le réservoir droit :

A OUI **B** NON

10

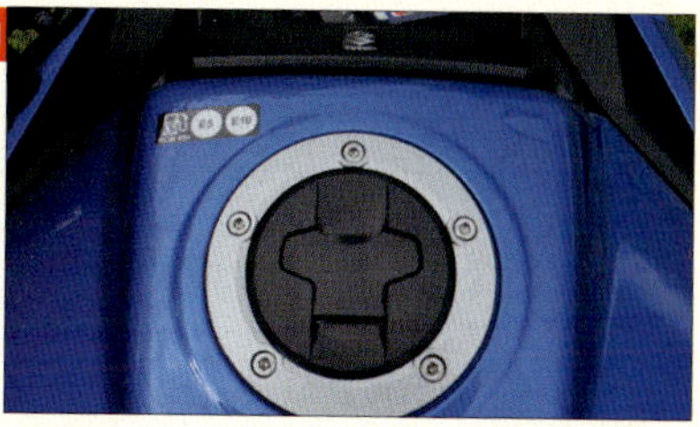

La contenance d'un réservoir de carburant d'une moto est, en moyenne, de :

- **A** 5 litres
- **B** 15 litres
- **C** 30 litres
- **D** 50 litres

11

Pour circuler en charge ou en duo :

- **A** je durcis la suspension
- **B** j'assouplis la suspension

12

Cette moto est équipée d'une transmission :

A à chaîne **B** à cardan **C** à courroie

7B / 8BD / 9A / 10B / 11A / 12A

13

Cette molette sert à régler le levier de frein : **A** OUI **B** NON

Une bonne ergonomie facilite le freinage : **C** OUI **D** NON

14

Le bruit maximum d'une moto est réglementé : **A** OUI **B** NON

Le danger pour l'oreille humaine est au-delà de 90 décibels : **C** OUI **D** NON

15

Une panne d'éclairage peut être due :

– à une ampoule grillée **A** OUI **B** NON

– à un fusible grillé **C** OUI **D** NON

16

Un sens de rotation est indiqué sur les pneus des motos : **A** OUI **B** NON

Les monter en sens inverse provoque une perte de contrôle : **C** OUI **D** NON

17

La moto est :

A au point mort

B sur la réserve de carburant

La béquille latérale est remontée : **C** OUI **D** NON

18

Mon pneu arrière est sous-gonflé :

– je vais consommer plus de carburant **A** OUI **B** NON

– j'ai plus de risque de chuter **C** OUI **D** NON

13AC / 14AC / 15AC / 16AC / 17AD / 18AC

19

L'anti-blocage des roues de ma moto me permet de freiner en sécurité :

A OUI B NON

20

Le feu que j'utilise actuellement est :

A le feu de croisement

B le feu de route

21

Les feux de croisement éclairent par temps clair, sans éblouir :

A à 30 m au moins

B à 50 m au moins

C à 100 m au moins

22

L'usure d'un pneu varie selon :

– la puissance et la fréquence des freinages A OUI B NON

– la vitesse adoptée C OUI D NON

23

Lors d'un ravitaillement en carburant, il est préférable :

– d'appuyer à fond sur la gâchette du pistolet A OUI B NON

– d'attendre l'arrêt automatique du pistolet C OUI D NON

24

Pour ajouter du liquide de refroidissement, le bouchon du radiateur s'ouvre uniquement :

A moteur froid

B moteur chaud

19B / 20A / 21A / 22AC / 23BD / 24A

La mécanique

25

Le système de suspension avant peut être :

– hydraulique A OUI B NON

– pneumatique C OUI D NON

26

Lorsque je cale au démarrage, je dois revenir au point mort pour redémarrer le moteur :

A OUI B NON

27

Le rôle de la boîte de vitesse est :

– de maîtriser le point de patinage

A OUI B NON

– d'adapter les couples moteur et résistant C OUI D NON

28

Si je roule à moto sur une route plate, en première et sans accélérer, le moteur risque de caler :

A OUI B NON

29

Le réglage de la garde de l'embrayage d'une moto doit être d'environ :

A 1 mm B 5 mm C 10 mm

30

Je contrôle périodiquement l'absence de point dur dans la direction :

A OUI B NON

Un point dur a des conséquences sur :

C le freinage D la stabilité

25AC / 26B / 27BC / 28B / 29B / 30AD

31

A Le pneu arrière s'use plus rapidement

B Le pneu avant s'use plus rapidement

C Les deux pneus s'usent de manière identique

32

En règle générale, je dois effectuer une révision sur mon véhicule :

A tous les 6 000 km

B tous les 15 000 km

C tous les 30 000 km

33

La plupart des motos sont équipées de coupe-circuit par :

A un bouton d'urgence

B la béquille latérale

C le sélecteur de vitesse **D** l'embrayage

34

Des pneus sous-gonflés améliorent la tenue de route :

– dans les virages **A** OUI **B** NON

– sur les revêtements lisses

C OUI **D** NON

35

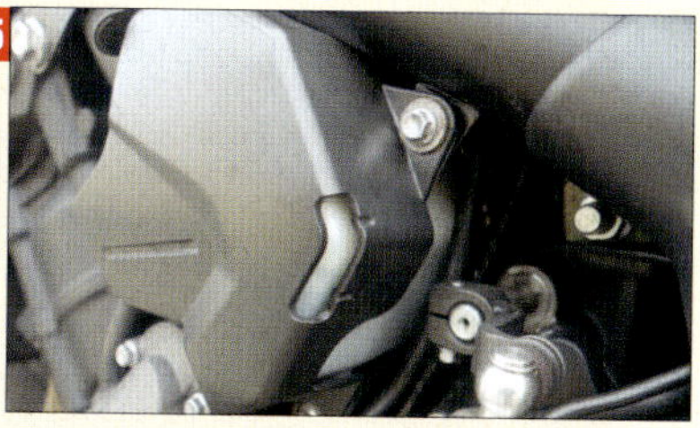

Ce bocal contient :

A du liquide de refroidissement

B du liquide de frein

C de l'huile moteur

36

Lorsque le kit chaîne est usé, les dents de la couronne sont :

A plus plates

B plus pointues

C plus courtes

TEST EN SITUATION 1

Flashez le QR code

Visionnez la vidéo puis répondez à la question sur la conduite de nuit.

liennathan.fr/5p2rz5

TEST EN SITUATION 2

Flashez le QR code

Visionnez la vidéo puis répondez à la question sur la conduite dans un virage.

liennathan.fr/2h3xv4

6 Équipements de protection et sécurité

Protection

Non seulement le port du casque est obligatoire mais, surtout, il est absolument indispensable pour assurer la sécurité physique du motard et de son éventuel passager.

⏭ Sécurité

Statistiquement, plus de la moitié des blessés circulant en deux-roues motorisés subissent un choc à la tête. Même homologué, à la bonne taille et correctement attaché, le **casque ne leur évite pas de graves lésions** encéphaliques en cas de choc violent.
Et circuler avec un casque non adapté à la morphologie du crâne ou, pire encore, avec un casque non attaché **équivaut à rouler sans protection**.

⏭ Rôle

Pour assurer une protection optimale, un casque doit répondre à plusieurs besoins :
- **amortir** un choc ;
- **empêcher** l'intrusion d'objets saillants ;
- **résister** à l'abrasion causée par une chute ou une glissade.

Il doit être immédiatement remplacé en cas de choc violent et, quoi qu'il arrive, environ tous les 5 ans car la mousse intérieure, qui maintient la tête et absorbe partiellement un impact, se tasse au fil des années.

⏭ Personnel

Pour jouer parfaitement son rôle protecteur, le casque doit être **adapté à la morphologie du pilote**. Il est donc préférable de posséder son propre casque. Emprunter celui d'un autre, même pour un court trajet, ne garantit pas de son efficacité en cas d'accident.

INTÉGRAL

Le casque intégral offre la meilleure protection de la tête. Il doit être changé tous les 5 ans environ ou après un choc.

JET

Le casque jet, plus léger mais moins enveloppant, ne protège pas la mâchoire en cas de chute.

SOLEIL

La visière peut être complétée par un écran sombre qui évite au motard d'être ébloui par le soleil. Ne pas l'utiliser dans un tunnel ou la nuit.

Homologué

Tous les casques disponibles sur le marché, notamment sur Internet, ne se valent pas. Seul un casque ayant passé avec succès les tests d'homologation assure une protection optimale de la tête.

Étiquette

Pour circuler en toute légalité sur la voie publique, il faut porter un casque dont **l'homologation est attestée par une étiquette aux normes CE** qui spécifie sa catégorie par une lettre :
– J : casque jet ;
– P : casque intégral ;
– PJ : casque modulable avec une mentonnière amovible ou rétractable.
L'étiquette se trouve à l'intérieur du casque.

Choix

La protection offerte par les trois types de casque n'est pas la même :
– le casque jet, **plus léger**, ne protège pas la mâchoire ;
– le casque intégral protège **la tête et la mâchoire** ;
– le casque modulable **protège la tête** mais la mentonnière doit être abaissée pour une protection de la mâchoire.
S'il mérite d'être pris en considération, le choix purement esthétique ne doit pas prendre le dessus sur le besoin d'une protection optimale de toute la tête.

Stickers

Circuler avec un casque homologué ne suffit pas. Il faut obligatoirement que celui-ci dispose de **4 autocollants réfléchissants**, apposés sur les quatre faces du casque. Sur les casques neufs vendus dans le commerce, ces dispositifs **ne sont pas installés d'office** et c'est au motard de s'en préoccuper. Généralement blancs, ces stickers peuvent également être noirs, sans que cela n'altère leur capacité réfléchissante.

ÉTIQUETTE

Le mode d'utilisation du casque est indiqué par une étiquette située à l'intérieur. Il faut impérativement le respecter pour sa sécurité.

STICKERS

Les quatre stickers réfléchissants obligatoires sur les quatre côtés du casque améliorent la détection du motard par les autres usagers.

CHOIX

La protection offerte par ces deux casques n'est pas identique. Le seul aspect esthétique ne doit pas primer sur la protection.

Protection

La conduite d'une moto implique de s'équiper non seulement pour préserver au mieux son intégrité physique mais aussi pour jouir d'un fort agrément de conduite.

Gants

Obligatoires, les gants doivent arborer le **marquage CE**, qui atteste de leur homologation, et indiquer, en plus, leur niveau de protection grâce à une **étiquette**. Il existe trois degrés de protection :
– niveau 1 : résistance à l'abrasion pendant 4 secondes, sans protection des articulations ;
– niveau 1 KP : résistance à l'abrasion durant 4 secondes et protection des phalanges ;
– niveau 2 KP : résistance à l'abrasion pendant 8 secondes et protection des articulations et des poignées.
Dans ces trois classifications, il existe différents modèles en fonction de la saison : hiver, mi-saison et été.

Chaussures

Porter des chaussures ou des bottes homologuées n'est pas obligatoire mais **très fortement recommandé**. Elles protègent les parties du corps particulièrement exposées en cas de chute : pieds, chevilles, talons, malléoles, etc. Les bottent offrent la meilleure protection en couvrant, en plus, les tibias.
Par ailleurs, les chaussures et bottes de moto homologuées disposent généralement de semelles antidérapantes fort utiles pour poser les pieds sans risquer de glisser.

Blouson

Même certifié CE, le blouson de moto ne figure pas non plus parmi les équipements vestimentaires obligatoires mais **il est indispensable** pour circuler en sécurité.
Il remplit une double mission :
– **protéger du froid**, du vent et des intempéries ;
– protéger le haut du corps **en cas de chute** ou de projection (graviers, etc.).
Les blousons sont en cuir ou en textile et certains disposent – d'origine ou en option – de renforts pour protéger les épaules et les coudes ainsi que d'une plaque dorsale.

Pantalon

Il existe des pantalons **spécialement conçus** pour la pratique de la moto. Divers modèles sont disponibles (pantalon en textile, en cuir, jean renforcé par du Kevlar, combinaison pour circuit).
Comme pour les blousons, des protections renforcées couvrent les hanches et les genoux.

GANTS

Quel que soit le niveau de protection choisi, il faut avant tout porter des gants homologués pour la conduite d'une moto.

CHAUSSURES

Rien n'oblige un motard à porter des chaussures ou des bottes homologuées mais de simples chaussures de sport non montantes ne protègent pas le pied.

TENUE

Même par beau temps ou forte chaleur, il est dangereux de circuler sans un blouson épais et sans gants homologués.

Le climat

La sécurité du motard passe aussi par un équipement adapté aux conditions climatiques rencontrées en circulation.

Froid

Les **températures basses engourdissent les membres** et dégradent les capacités de conduite du motard. Et plus la vitesse est élevée et plus la température ressentie est basse par rapport à la réalité. Avant de partir, il est donc indispensable de s'équiper (cagoule, sous-gants, chaussettes chaudes et blouson épais) et de s'arrêter dès les premiers signes de refroidissement.

Pluie

En cas d'averse ou d'orage, un vêtement de pluie n'est pas obligatoire mais piloter une moto **sous les intempéries augmente les risques de chute** (tremblements, vêtements mouillés, etc.).
Il est conseillé de disposer en permanence d'un tel vêtement dans la moto pour l'enfiler par-dessus son équipement habituel en cas de besoin.

Visibilité

D'une manière générale, avec ou sans dispositifs réfléchissants intégrés sur le vêtement, il est préférable d'opter pour un équipement de couleur vive afin d'**être mieux détecté par les autres usagers**. Et ce, pas uniquement par temps de pluie ou de nuit. Même en plein jour, un motard doit être bien visible.

Glissade

L'équilibre de la moto devient plus précaire encore lorsque le temps est **pluvieux** ou **froid** avec une **chaussée** devenue **glissante**. Circuler avec un blouson épais, des gants homologués prévus pour l'hiver et des chaussures montantes améliore le confort et la sécurité du pilote en retardant l'apparition du froid qui engourdit les membres et détériore sa réactivité.

PANTALON

Sous la pluie, un pantalon étanche maintient les jambes au sec et les protège du froid.

PRUDENCE

Les accélérations doivent rester mesurées sur une route humide pour éviter les glissades et la perte de contrôle de la moto.

FROID

Avec le vent d'hiver, les mains souffrent rapidement du froid et s'engourdissent. Il faut s'arrêter avant de ne plus sentir ses doigts.

Le motard

Une bonne installation au guidon est primordiale car elle conditionne l'aptitude à maîtriser la moto, et donc à circuler en sécurité, et retarde l'apparition des premiers signes de fatigue.

Position de conduite

Le motard doit faire corps avec sa machine pour la manier sans difficulté et **conserver l'équilibre** en toutes circonstances. Il doit :
- serrer les genoux contre le réservoir ;
- tenir le guidon avec les bras semi-fléchis et avoir les épaules détendues ;
- tenir la tête haute pour bien voir l'environnement proche et lointain ;
- avoir la partie la plus large des chaussures ou des bottes sur les repose-pieds.

Une bonne position n'évite pas la fatigue mais elle en retarde sensiblement l'apparition.

Triangle de sécurité

Le poids du corps du motard et celui du chargement de la moto (passager ou bagage) doivent être compris dans un « **triangle de sécurité** » dont les extrémités correspondent à l'axe des deux roues et au sommet du casque du pilote. Ce triangle de sécurité englobe le centre de gravité de la moto. En respectant cette règle essentielle, la moto conserve un bon équilibre et reste maniable (stabilité, direction légère, poids réparti sur les deux suspensions).

Fatigue

La conduite d'une moto est **très exigeante physiquement** et psychologiquement. Quelle que soit son expérience au guidon, un motard n'échappe pas à la fatigue après quelques heures de route. Les signes peuvent être variés :
- douleur dans le dos ;
- raideur des épaules ;
- mal à la nuque ;
- picotement des yeux.

Le besoin de changer de position ou l'impression de durcissement de la selle sont également des signes d'alerte sur la nécessité de faire une pause.

POSITION

Des bras détendus permettent de conduire la moto avec souplesse et retardent l'apparition de la fatigue.

EN DUO

La circulation en duo modifie la répartition des masses et donc la tenue de route de la moto. Il faut parfois quelques kilomètres pour s'adapter.

HALTE

Des pauses régulières, d'une vingtaine de minutes minimum, permettent au corps de se ressourcer avant de repartir en pleine possession de ses moyens.

Le passager

Transporter un passager n'est pas sans conséquences sur la conduite du deux-roues. L'équilibre général est modifié et le comportement du passager influe sur la conduite.

Adulte

Le transport d'un passager n'est évidemment possible que si la moto dispose d'une **selle biplace** – ou, pourquoi pas, de deux sièges individuels – équipée d'une **sangle de maintien** et de deux **repose-pieds**.
Les deux occupants de la moto doivent être le plus proche possible l'un de l'autre afin d'intégrer le triangle de sécurité. Le passager doit se tenir au pilote en lui enserrant la taille ou bien se tenir aux poignées de maintien si la moto en dispose. Une bonne solution consiste à se tenir d'une main au pilote et, de l'autre, à une poignée.
Le motard doit adapter sa conduite à cette présence en évitant les grosses accélérations, les freinages appuyés et les fortes inclinaisons dans les virages. À plus forte raison si le passager n'est pas habitué car il peut avoir un comportement inadéquat (se met en arrière, penche du côté opposé au virage, etc.).

Enfant

Le transport d'un enfant sur une moto est certes autorisé mais, dans la mesure du possible, **mieux vaut éviter d'installer un passager de moins de 10 ans** : le casque appuie sur les cervicales et, jusqu'à cet âge, l'équilibre n'est pas encore parfaitement acquis.
Avant 5 ans, l'enfant doit obligatoirement être installé dans un siège spécialement prévu à cet effet et attaché. Au-delà, le jeune passager peut s'asseoir sur le siège dès lors que sa taille lui permet d'atteindre les cale-pieds.

Dosseret

Lorsque la moto s'y prête, l'installation d'un **top-case** faisant également office de **dosseret** améliore grandement le confort du passager. Celui-ci est mieux maintenu lors des accélérations en lui évitant de partir en arrière et de dégrader involontairement la tenue de route.

BI-PLACE

La moto doit être équipée d'une selle prévue pour deux personnes avec une sangle de maintien ou des poignées latérales.

CALE-PIED

Le passager doit pouvoir poser ses pieds sur des cales prévues pour lui, le motard ne devant pas partager les siennes.

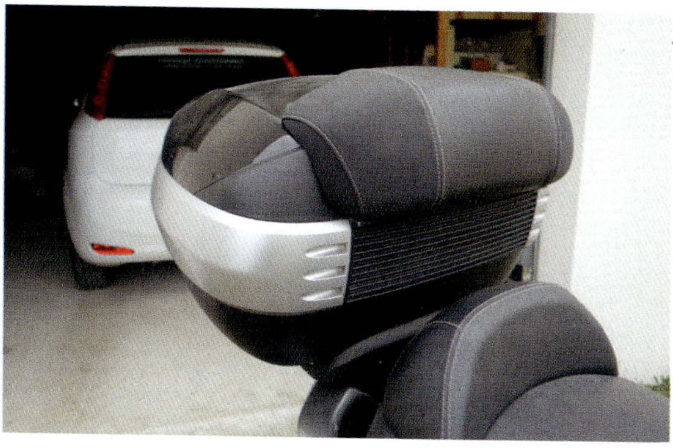

DOSSIER

En plus d'augmenter la capacité de bagages, un top-case avec dossier améliore le confort du passager.

Sécurité active

Éviter la survenance d'un accident, c'est la finalité de tous les dispositifs de sécurité active. Ils sont directement installés sur la moto ou implantés sur le réseau routier.

ABS obligatoire

Obligatoire sur toutes les motos neuves d'au moins 125 cm^3 depuis 2016, le système d'antiblocage des roues (***Antiblockiersystem*, ABS**) permet de maintenir la trajectoire en cas de freinage d'urgence, en évitant le blocage des roues et, donc, un dérapage généralement synonyme de chute.
L'ABS se déclenche lorsque les capteurs implantés dans les étriers de frein détectent une différence de vitesse de rotation entre les deux roues. Il prend alors la main pour optimiser – sans la raccourcir – la distance d'arrêt en alternant pression et relâchement des freins.

Signalisation

La mise en place de panneaux aux abords de la chaussée permet d'informer les conducteurs afin qu'**ils adaptent leur conduite aux lieux** : vitesse maximale, virage dangereux, ralentisseurs, proximité d'une école, etc.
La **signalisation horizontale** (marquage au sol) est également un dispositif de sécurité active puisque son respect permet d'éviter un accident. Cette sécurité active peut prendre de multiples formes : asphalte absorbant l'eau, bandes rugueuses sonores alertant d'un déport, etc.

Motard responsable

En tout état de cause, la meilleure sécurité active est assurée par le motard lui-même. **Avec une conduite responsable, respectueuse de la réglementation et des autres usagers**, il limite au maximum les risques d'accident. Les aides à la conduite disponibles sur la moto et la signalisation en place sur le bord de la route ne sont d'aucune utilité pour la sécurité active si le motard fait preuve d'irresponsabilité dans son comportement.

ABS

Le système ABS améliore la sécurité du motard au freinage mais ne rattrape pas tous ses écarts de conduite.

VOYANT

Au démarrage de la moto, le pilote est informé du bon fonctionnement de l'ABS par un voyant qui reste allumé quelques secondes avant de s'éteindre.

SIGNALISATION

Les indications données par la signalisation permettent aux conducteurs d'être avertis en amont et d'adapter leur conduite aux lieux.

Sécurité passive

L'objectif de la sécurité passive, à travers divers dispositifs, est de limiter autant que possible les conséquences d'un accident, que les dommages soient matériels et/ou physiques.

⏭ eCall

Même s'il n'est pas (encore) généralisé sur tous les véhicules neufs, le système **eCall** constitue un excellent élément de sécurité passive puisqu'il permet d'**alerter automatiquement** ou manuellement **les secours** en cas d'accident et de géolocaliser le lieu du sinistre. Le gain de temps permet d'augmenter les chances de survie des victimes.

⏭ Rails

Les **rails de sécurité** implantés dans **certains virages**, qui limitent les conséquences d'une sortie de route, font partie des dispositifs de sécurité passive avec, toutefois, une distinction. Pour les motos, n'entrent dans cette catégorie que les doubles glissières de sécurité car elles évitent l'effet « guillotine » des rails simples avec leurs supports tranchants.

⏭ Équipement

Le casque, les gants, le blouson et les chaussures ou bottes de moto sont également des dispositifs de sécurité passive en atténuant plus ou moins les conséquences physiques d'un choc ou d'une chute.

⏭ Airbag

Afin de protéger au mieux le thorax, la colonne vertébrale ou les organes internes (foie, cœur, etc.), le motard peut opter pour **un gilet airbag**. En cas de chute, l'airbag (alimenté par une cartouche de gaz) gonfle instantanément le gilet pour amortir la violence du choc.
Le dispositif d'airbag peut être directement intégré dans un blouson.
Il existe deux techniques de déclenchement :
– **filaire** : le gilet est rattaché par un câble à la moto et déclenche l'airbag en cas d'arrachage ;
– **autonome** : des capteurs décèlent une chute et déclenchent automatiquement le dispositif.

DOUBLE GLISSIÈRE

Les rails équipés d'une double glissière améliorent la sécurité des motards en évitant le risque de coupures lors d'un choc.

GUILLOTINE

Les blessures générées par les rails non aménagés pour les deux-roues peuvent être très graves à cause du tranchant des montants.

ÉQUIPEMENT

Par tous les temps, il est impératif de circuler dans une tenue compatible avec la conduite d'une moto avec, en plus du casque, un blouson épais et des gants homologués.

6 Équipements de protection et sécurité

1

Ce casque est muni de 2 écrans :

A OUI B NON

L'utilisation de l'écran teinté est à proscrire la nuit :

C OUI D NON

2

Circuler à moto avec un sac à dos est dangereux :

A OUI B NON

3

Le gilet de haute visibilité est un équipement obligatoire et doit être disponible sur la moto :

A OUI B NON

4

En virage :

– la tête reste toujours droite

A OUI B NON

– l'orientation de la tête influe sur la trajectoire C OUI D NON

5

Sur une moto équipée d'un ABS, la couronne de celui-ci est présente sur :

A chaque disque de frein B chaque roue

Des impuretés risquent de faire dysfonctionner l'ABS : C OUI D NON

6

Ce casque protège :

– la tête A OUI B NON

– la mâchoire C OUI D NON

1AC / 2A / 3A / 4AC / 5BC / 6AC

7

La position de mon pied est correcte :

- pour freiner — A OUI B NON
- pour circuler — C OUI D NON

8

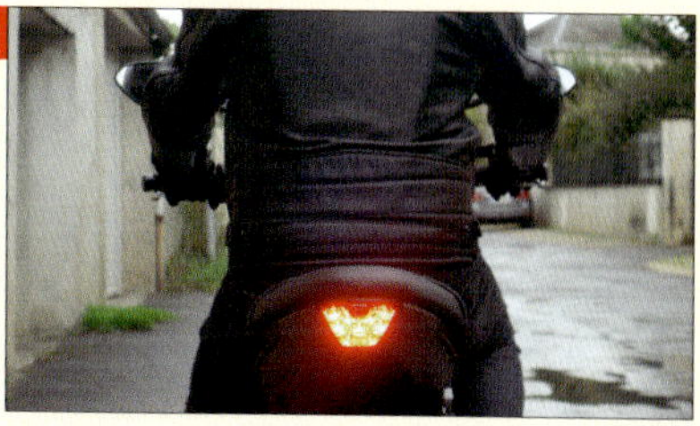

La qualité de freinage avec l'ABS dépend :

- de la technique du motard — A OUI B NON
- de la suspension — C OUI D NON

9

Le système ABS est présent sur cette moto : A OUI B NON

Il permet de réduire la distance de freinage : C OUI D NON

10

Le casque qui protège le mieux est :

A le casque jet

B le casque intégral

11

Ces gants sont homologués pour la pratique de la moto :

A OUI B NON

Ils offrent le meilleur niveau de protection :

C OUI D NON

12

Les feux de détresse font partie des éléments obligatoires sur une moto :

A OUI B NON

7AD / 8AC / 9AD / 10B / 11AD / 12B

6 Équipements de protection et sécurité

13

Une fois le guidon droit, le clignotant s'éteint automatiquement :

A OUI B NON

14

Un casque doit, pour être conforme, être équipé de :

A 4 dispositifs réfléchissants

B 2 dispositifs réfléchissants

15

Le passager se tient à la taille du motard et à la poignée arrière pour une meilleure sécurité :

A OUI B NON

16

Une couleur d'équipement vive me rend plus visible : A OUI B NON

Les dispositifs réfléchissants sur le casque sont obligatoires :

C OUI D NON

17

Une moto est équipée au minimum :

A d'un feu de croisement

B de 2 feux de croisement

C d'un feu de route

D de 2 feux de route

18

L'utilisation d'un casque intégral dispense du port de lunettes correctrices :

A OUI B NON

13B / 14A / 15A / 16AC / 17AC / 18B

19

Quels sont les équipements obligatoirement de série sur une moto neuve :

A l'ABS **B** l'ESP **C** l'APU

D le régulateur de vitesse

20

Suite à un accident matériel, le port du gilet de haute visibilité est obligatoire pour :

A l'automobiliste **B** le motard

C les passagers

21

Une paire de gants de niveau KP1 a une meilleure résistance à l'abrasion qu'une paire de gants de niveau KP2 :

A OUI **B** NON

22

Pour transporter un passager, ma moto doit être équipée :

A de 2 cale-pieds passager

B d'une courroie d'attache ou poignée

C d'un dosseret

23

Un casque doit être remplacé :

– à la suite d'une chute **A** OUI **B** NON

– systématiquement tous les 2 ans

C OUI **D** NON

24

Certaines motos sont à boîte automatique :

A OUI **B** NON

Passer les vitesses au bon moment favorise l'éco-conduite :

C OUI **D** NON

19A / 20AB / 21B / 22AB / 23AD / 24AC

6 Équipements de protection et sécurité

25

Le choix de l'équipement me rend plus visible :

A OUI **B** NON

26

L'ABS permet :

– de conserver la trajectoire lors d'un freinage **A** OUI **B** NON

– de raccourcir la distance de freinage **C** OUI **D** NON

27

Le non-port de gants en circulation expose le conducteur à :

A un retrait de points **B** une amende

Le passager encourt les mêmes sanctions : **C** OUI **D** NON

28

Sur ma moto, je peux ajouter :

– des dispositifs réfléchissants

A OUI **B** NON

– des feux supplémentaires

C OUI **D** NON

29

Font partie des équipements obligatoires :

A une béquille

B 1 ou 2 feux de croisement

C 1 ou 2 feux de brouillard

D 1 rétroviseur gauche

30

Par rapport à un éclairage de voiture, celui d'une moto est :

A plus efficace

B aussi efficace

C moins efficace

25A / 26AD / 27ABD / 28AC / 29ABD / 30C

31

Ces chaussures sont homologuées pour la pratique de la moto : A OUI B NON

Elles protègent les chevilles et les pieds contre : C l'impact D l'abrasion

32

Les motos sont suffisamment équipées pour limiter les conséquences d'un choc :

A OUI B NON

33

Ma moto est équipée de l'ABS. En cas d'urgence, je freine :

A le plus fort possible

B progressivement

34

L'avertisseur sonore est un accessoire de sécurité : A OUI B NON

On peut l'utiliser en cas de danger immédiat : C en agglomération

D hors agglomération

35

Le réglage de la suspension est indispensable avant de circuler :

– en duo A OUI B NON

– avec des bagages C OUI D NON

36

Je peux équiper ma moto :

– d'un carénage A OUI B NON

– de valises ou sacoches latérales

C OUI D NON

31ACD / 32B / 33A / 34ACD / 35AC / 36AC

Équipements de protection et sécurité

TEST EN SITUATION 1

Flashez le QR code

Visionnez la vidéo puis répondez à la question sur l'équipement du motard.

liennathan.fr/85qe2i

TEST EN SITUATION 2

Flashez le QR code

Visionnez la vidéo puis répondez à la question sur le guidon.

liennathan.fr/s52ea7

7 Respect de l'environnement

Choix du véhicule

Même si elle consomme moins qu'une voiture et rejette moins de CO_2, une moto contribue néanmoins au réchauffement climatique. D'où la nécessité d'adopter une conduite responsable.

Motorisation

La commercialisation des motos électriques commence à peine à se développer. En raison de leur autonomie moins grande que celle fournie par les moteurs thermiques, leur terrain de jeu est pour l'heure limité aux agglomérations. La motorisation électrique offre un double avantage :
- écologique : aucune émission de pollution (CO_2 et bruit) ;
- économique : le coût de recharge de la batterie est beaucoup moins élevé qu'un plein de carburant.

Aides à la conduite

Les modèles haut de gamme bénéficient, en série ou en option, d'un équipement plus complet afin d'aider le motard à gérer sa conduite efficacement. Outre le classique compte-tours, certaines motos peuvent disposer :
- d'un régulateur de vitesse, qui permet de circuler à vitesse constante hors agglomération ;
- d'un GPS intégré, qui permet de rationaliser son trajet (gain de temps et de carburant) ;
- d'un ordinateur de bord, qui permet de surveiller sa consommation.

Certains modèles permettent au motard de choisir entre plusieurs modes de fonctionnement du moteur, pour privilégier la consommation ou la puissance.

Pneumatiques

Le choix judicieux des pneumatiques peut également avoir une influence sur la consommation. Sur les pneus neufs mis en vente, une étiquette énergétique obligatoire informe les consommateurs sur 3 paramètres :
- la résistance au roulement (pour la consommation de carburant) ;
- la capacité de freinage ;
- le niveau sonore.

Utilisation

L'usage prévu de sa future moto est un critère essentiel à prendre en considération. Pour une utilisation exclusivement urbaine, par exemple, choisir un modèle de forte cylindrée gros consommateur de carburant n'est pas judicieux.

ENTRETIEN

Quelle que soit sa cylindrée, un moteur mal entretenu pollue plus que la normale. Par ailleurs, il suffit que le radiateur soit sale pour dégrader son rendement.

AIDE

Les modèles récents disposent de systèmes électroniques permettant au motard, s'il le souhaite, d'être aidé dans sa conduite en fonction, par exemple, de la météo, de sa vitesse de croisière ou du trafic.

PRESSION

Des pneus gonflés selon les préconisations du manufacturier durent plus longtemps, contribuent à la sécurité du motard et participent à la limitation des émissions de gaz polluants.

Vignette CRIT'AIR

Pour tenter de réduire la pollution, les pouvoirs publics ont instauré la vignette CRIT'AIR, obligatoire pour pouvoir circuler toute l'année dans les zones à circulation restreinte (ZCR).

Les zones à circulation restreinte (ZCR) correspondent très majoritairement aux centres-villes des grandes agglomérations.

Classification

La classification des vignettes dépend de la norme Euro directement mentionnée sur la carte grise de la moto ou, à défaut, de la date de sa première immatriculation :

CRIT'AIR verte :
– tous les véhicules 100 % électriques ou à hydrogène ;

CRIT'AIR 1 (de couleur violette) :
– tous les véhicules à gaz ou hybrides rechargeables ;
– Euro 4 : à partir du 01/01/2017 pour les motos ;

CRIT'AIR 2 (de couleur jaune) :
– Euro 3 : du 01/01/2007 au 31/12/2016 pour les motos ;

CRIT'AIR 3 (de couleur orange) :
– Euro 2 : du 01/07/2004 au 31/12/2006 ;

CRIT'AIR 4 (de couleur marron) :
– pas de norme tout type : du 01/06/2000 au 30/06/2004 ;

CRIT'AIR (de couleur grise) :
– pas de norme tout type : jusqu'au 01/05/2000.

Sélection

Dans les grandes agglomérations où elle a été mise en place, la vignette Crit'Air sélectionne les véhicules autorisés à circuler lors des pics de pollution ou, de manière permanente, dans les ZRC. Les motos récentes, à la norme Euro 5, bénéficient d'une vignette de classe 1 et peuvent circuler sans restriction. En pratique, les interdictions de circulation concernent essentiellement les véhicules arborant une vignette Crit'Air 3 ou au-delà.

POLLUTION

Avec sa vignette Crit'Air de catégorie 2, cette moto peut se voir interdire l'entrée dans les centres-villes en cas de fort pic de pollution.

OBLIGATOIRE

Ne pas coller sa vignette dans les agglomérations concernées expose le motard à une amende forfaitaire de 68 €.

RALENTIR

Sans aller jusqu'à l'interdiction de circulation, les automobilistes comme les motards sont invités à réduire leur vitesse lorsque la qualité de l'air est mauvaise.

L'éco-conduite

Certaines règles simples permettent à la fois de limiter l'impact de sa conduite sur l'environnement en réduisant ses rejets de CO^2 et de faire des économies sur ses frais de déplacement.

Conduite souple

Pour consommer moins de carburant, il faut démarrer en douceur et ne pas tourner la poignée de gaz à fond. Pour ralentir, dans la mesure du possible, mieux vaut lâcher la poignée et utiliser le frein moteur plutôt que d'appuyer sur les freins.

Rapport de boîte

Même à faible vitesse, sur une moto à boîte de vitesse manuelle, il faut passer au rapport supérieur dès 2 000/2 500 tours pour limiter la consommation de carburant. Le moteur tourne moins vite et émet moins de CO_2.

Vitesse constante

Maintenir une vitesse constante permet d'économiser jusqu'à 38 % de carburant. Les accélérations et les décélérations répétées entraînent une surconsommation. Sur certains axes, la signalisation lumineuse est synchronisée en fonction de la vitesse maximale autorisée (« onde verte ») : en respectant la limitation, il est alors possible de bénéficier d'un feu vert sur plusieurs intersections successives.

Anticipation

Il faut anticiper les conditions du trafic pour éviter les freinages et les accélérations répétés qui augmentent systématiquement la consommation. En maintenant une distance suffisante avec le véhicule précédent, on évite d'avoir à freiner brutalement. À l'approche d'un feu tricolore ou d'une intersection, il faut relâcher la poignée des gaz pour anticiper un possible arrêt.

Entretien de la moto

Un mauvais entretien du véhicule peut entraîner une surconsommation de carburant de l'ordre de 25 %. Il faut régulièrement :
- surveiller la pression des pneus ;
- respecter la périodicité des vidanges préconisée par le constructeur ;
- changer, le cas échéant, le filtre à air.

FLÂNER

Rouler à allure modérée fait durer le plaisir de conduite, préserve la mécanique et limite son impact sur l'environnement.

RALENTIR

À la vue d'un feu rouge, il est inutile de maintenir sa vitesse pour devoir ensuite freiner fort. Autant lâcher la poignée des gaz pour consommer moins.

ENTRETIEN

Une moto régulièrement entretenue par un professionnel, avec des pièces d'origine, limite à la fois ses émissions de CO_2 et sa pollution sonore.

L'éco-mobilité

En matière de déplacements, certaines habitudes bien ancrées peuvent être changées pour utiliser sa moto autrement et permettre ainsi une meilleure prise en compte de l'environnement.

Repenser ses déplacements

L'éco-mobilité consiste tout simplement à **reconsidérer ses habitudes de déplacement** pour ne pas recourir systématiquement à la moto ou, à tout le moins, pour l'utiliser différemment :
- privilégier la marche pour les trajets de proximité ;
- opter pour un vélo ;
- emprunter les transports en commun.

Pollution atmosphérique

Prendre sa moto pour parcourir quelques centaines de kilomètres en ville n'a aucun sens. Dans les grandes agglomérations, la circulation est devenue difficile avec des axes saturés. Bloquée de longues minutes dans le trafic, **une moto surchauffe et consomme inutilement du carburant**. Mieux vaut la prendre pour des trajets hors agglomération.

Pollution sonore

La prise en considération de l'environnement s'entend aussi du **respect** des autres. En ville, l'utilisation de l'avertisseur sonore, par exemple, doit être pertinente. Elle est injustifiée pour forcer le passage dans un bouchon. De même, le remplacement du pot d'échappement de la moto par un modèle plus sportif – et donc beaucoup plus bruyant – constitue un acte polluant pour la planète et agressif pour les autres.

Location

Le marché de la location ponctuelle de motos commence à se développer. Ce nouveau mode de consommation permet une utilisation rationnelle du deux-roues, lorsque cela est vraiment nécessaire, et participe ainsi à l'éco-mobilité.

BUS

Dans les agglomérations, l'utilisation des transports en commun constitue une alternative à la voiture en termes de pollution comme en gain de temps.

TRAFIC

Dans certaines grandes agglomérations, le trafic à certaines heures est si dense que même les motos peinent à circuler.

BRUIT

À partir de 85 décibels, le risque de surdité est réel. Il est interdit de modifier le pot d'échappement homologué pour en augmenter la sonorité sous peine d'amende et d'immobilisation de la moto.

7 Respect de l'environnement

1

Mon placement est correct pour tourner à gauche :

A OUI B NON

2

Le passage successif des feux tricolores au vert s'appelle une onde verte :

A OUI B NON

Ce dispositif permet : C de fluidifier le trafic

D de réduire les émissions polluantes

3

L'état et la propreté du radiateur évitent une surconsommation de carburant :

A OUI B NON

4

La chicane du pot d'échappement est un dispositif qui :

A augmente le bruit B limite le bruit

Retirer la chicane est :

C autorisé D interdit

5

En ville, la moto est le mode de déplacement :

- **le plus économique** A OUI B NON
- **le plus écologique** C OUI D NON

6

En respectant les limitations de vitesse, je limite la pollution :

A sonore

B atmosphérique

C numérique

1A / 2ACD / 3A / 4BD / 5BD / 6AB

7

Pour réduire ma consommation, je passe les rapports de vitesse en :

A haut régime

B bas régime

8

La circulation diurne d'un motard en feu de croisement améliore sa détection :

A OUI B NON

Le gabarit d'une moto est moins visible qu'une voiture : C OUI D NON

9

Conduire de manière apaisée :
– réduit l'usure des plaquettes de frein

A OUI B NON

– augmente les émissions de gaz polluants C OUI D NON

10

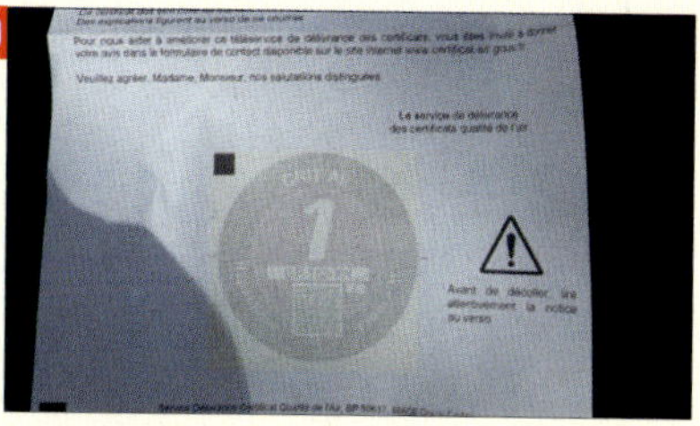

J'ai oublié de commander la vignette Crit'Air pour ma moto. Je suis autorisé à continuer :

A OUI B NON

11

La vision permet de lire tous les indices importants en même temps :

A OUI B NON

L'expérience améliore le choix des indices utiles à la conduite : C OUI D NON

12

Les nuisances sonores des motos sont principalement dues :

A aux roulements de direction

B à l'échappement

C aux pneumatiques

7B / 8AC / 9AD / 10B / 11BC / 12B

7 Respect de l'environnement

13

Par temps froid, j'allume le moteur 5 minutes avant de partir :

A OUI B NON

14

En stabilisant la vitesse, je réduis la consommation de carburant :

A OUI B NON

Utiliser le régulateur facilite cette action :

C OUI D NON

15

Avec une moto aux normes et en respectant la limitation de vitesse, je contribue à réduire la pollution sonore :

A OUI B NON

16

La pollution sonore est punie par une amende :

A OUI B NON

17

Une boîte automatique permet :

– le passage des rapports au bon régime

A OUI B NON

– une conduite économique C OUI D NON

18

L'émission sonore d'une moto est réglementée : A OUI B NON

Le danger pour l'oreille humaine apparaît au-delà de 80 décibels : C OUI D NON

13B / 14AC / 15A / 16A / 17AC / 18AC

19

La vitesse augmente :
– l'usure des pneumatiques
A OUI B NON
– la consommation de carburant
C OUI D NON

20

La vignette Crit'Air concerne les motos :
A OUI B NON

21

Utiliser une moto en ville :
– favorise l'écoconduite A OUI B NON
– supprime les embouteillages
C OUI D NON

22

La circulation des véhicules est une source de pollution :
– atmosphérique A OUI B NON
– sonore C OUI D NON

23

Cette vignette est obligatoire dans les zones :
A de rencontre uniquement
B à circulation restreinte

24

Transformer l'échappement par un échappement non homologué est passible d'une immobilisation du véhicule :
A OUI B NON

19AC / 20A / 21BD / 22AC / 23B / 24A

Respect de l'environnement

TEST EN SITUATION 1

Flashez le QR code

Visionnez la vidéo puis répondez à la question sur les impacts de la conduite.

liennathan.fr/g6m7p5

TEST EN SITUATION 2

Flashez le QR code

Visionnez la vidéo puis répondez à la question sur la consommation de carburant.

liennathan.fr/2nbm33

8 Secourir

SÉCURISER LES LIEUX

Protéger
Sécuriser

ALERTER LES SECOURS

Appel des secours
Informations détaillées

PORTER SECOURS

Perte de connaissance
Hémorragie et traumatismes
Arrêt cardiaque
Gestes interdits

TESTS

Protéger

Un conducteur qui arrive sur les lieux d'un accident venant de se produire doit, chronologiquement, s'arrêter et sécuriser les lieux, alerter les secours et assister les blessés en attendant leur arrivée.

⏭ Arrêt obligatoire

Le conducteur qui arrive sur les lieux d'un accident qui vient de survenir, en l'absence des services de secours, a l'**obligation de s'arrêter** pour porter assistance. Le fait de poursuivre sa route constitue un délit pour non-assistance à personne en danger, très lourdement sanctionné.
En revanche, lorsque les secours sont déjà sur place, il faut poursuivre sa route pour ne pas les gêner dans leur intervention.

⏭ Avertir les autres usagers

Premier témoin d'un accident, il faut **ralentir**, allumer ses feux de détresse si la moto en est équipée pour **informer** les véhicules qui suivent d'un danger et **s'immobiliser à proximité** en prenant soin de ne pas s'exposer soi-même à un risque de collision (suraccident).
Il faut enfiler rapidement son gilet de haute visibilité et, si l'on en dispose, aller placer un **triangle de sécurité** de chaque côté du sinistre, à une distance approximative de 30 mètres. Les motards qui possèdent un ou plusieurs bâtons luminescents peuvent également les utiliser pour baliser les lieux.

⏭ Stationnement

Dans l'affolement d'une situation stressante, il ne faut pas oublier de laisser un passage pour l'**arrivée des véhicules de secours**. Les témoins doivent aller garer leurs véhicules en dehors de la zone d'intervention. La fluidité de la circulation jusqu'aux blessés est primordiale.

⏭ Triangle de sécurité

Les motards ne sont pas tenus de disposer d'un triangle de sécurité, contrairement au gilet rétroréfléchissant. Certains types de motos ne permettent d'ailleurs pas d'en transporter un, hormis dans un sac à dos, dont le port n'est pas recommandé.
Il faut donc utiliser ceux des automobilistes présents sur les lieux ou, le cas échéant, celui du véhicule accidenté.

DÉLIT

Ne pas s'arrêter lorsque l'on est le premier témoin d'un accident constitue un délit lourdement sanctionné.

FEUX DE DÉTRESSE

Utiliser les feux de détresse permet d'alerter les autres conducteurs d'un danger et de les inciter à ralentir.

SECOURS

Les services de secours interviennent en quelques dizaines de minutes. Dès leur arrivée, il faut s'écarter pour les laisser intervenir.

Sécuriser

S'arrêter immédiatement à proximité de l'accident ne veut pas dire s'immobiliser n'importe où et n'importe comment.

S'éloigner

Toutes les personnes présentes sur les lieux qui ne participent pas activement aux premiers secours doivent **laisser leurs véhicules** et aller se réfugier en haut des accotements ou, sur autoroute, derrière les glissières de sécurité.

Risque d'incendie

Pour limiter le risque d'incendie, il faut si possible couper le contact des véhicules accidentés ou débrancher leur batterie. S'il y a un départ de feu et si l'on possède un extincteur, il faut diriger le jet vers la base des flammes ou bien étouffer le feu avec une couverture, du sable ou de la terre. **Il ne faut jamais utiliser d'eau.**

Rassurer

D'une manière générale, il faut essayer de **tranquilliser les victimes** d'un accident, si elles sont conscientes, en leur parlant calmement et, surtout, en évitant de leur décrire la gravité de leur état.

Par ailleurs, la chaleur corporelle d'une personne blessée baisse rapidement, même par temps chaud. Il faut la couvrir avec une couverture ou un manteau. La solution idéale consiste à utiliser **une couverture de survie**, très fine mais qui garde très efficacement la chaleur du corps.

Prudence

Vouloir porter secours ne dispense pas de veiller à sa propre sécurité, en plaçant sa moto à l'écart et en évitant de surprendre les véhicules qui arrivent sur le lieu de l'accident en surgissant sur la route. L'urgence de la situation ne doit pas exposer les témoins à un risque supplémentaire.

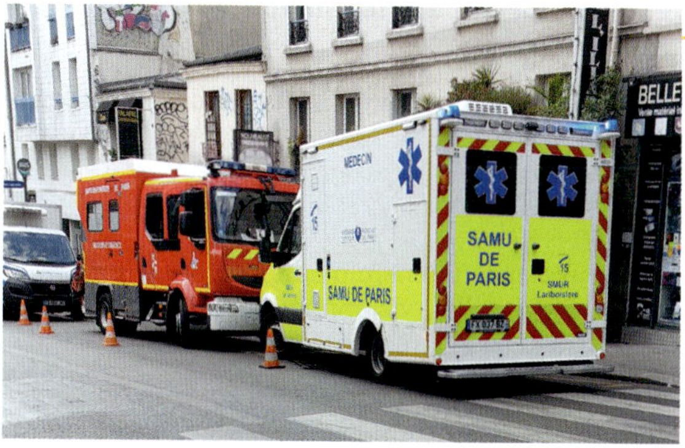

PASSAGE

Il faut emprunter une autre route dès lors qu'un véhicule de secours occupe la chaussée pour une intervention.

COUPE-CIRCUIT

Toujours situé sur le commodo droit, le coupe-circuit a une taille importante pour pouvoir être facilement activé.

RASSURER

Vis-à-vis d'une victime, la meilleure attitude consiste à rester à ses côtés en attendant les secours sans évoquer la gravité de ses blessures, si elles le sont.

Appel des secours

Une fois les lieux suffisamment protégés pour éviter un suraccident, les témoins doivent alerter au plus vite les secours.

Numéros d'appel

Il est possible de composer **plusieurs numéros d'urgence** pour solliciter les secours :
– le 18 (pompiers) ;
– le 17 (police ou gendarmerie) ;
– le 15 (SAMU ou SMUR) ;
– le 112 avec un téléphone mobile (numéro d'appel européen) ;
– le 114 accessible par SMS, tchat, visiophonie pour les personnes malentendantes ou s'exprimant avec difficulté.

E-call

Les véhicules les plus récents disposent d'un dispositif d'**alerte automatique**, appelé **e-call**. En cas de collision suffisamment forte pour déclencher les airbags, le système compose immédiatement le numéro des secours et permet la **géolocalisation** automatique du véhicule. Ce qui n'empêche pas les témoins sur place, par sécurité, de composer l'un des numéros disponibles.

Borne d'autoroute

Les autoroutes sont bordées de **bornes d'appel** espacées tous les 2 kilomètres. En cas d'accident à proximité de l'une d'elles, il faut communiquer aux services de secours le numéro de la borne, le sens de circulation concerné et le point kilométrique le plus proche du sinistre.

SECOURS

Si les services de secours sont sur les lieux d'un accident, il faut réduire sa vitesse mais ne pas s'arrêter pour ne pas gêner leur intervention.

BORNE

Sur les autoroutes, une borne d'alerte est installée tous les 2 km et permet de contacter directement les secours.

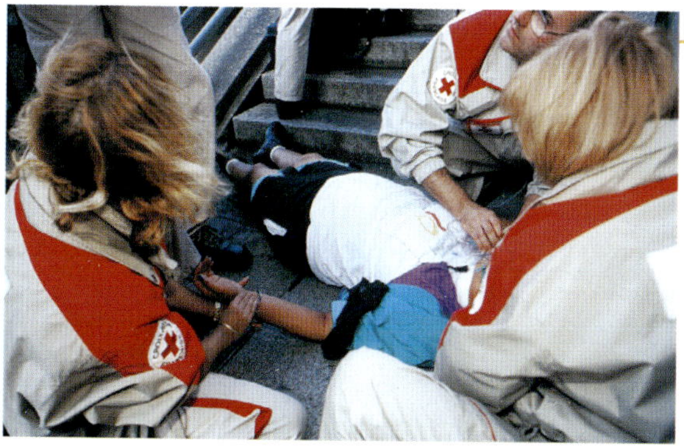

CROIX-ROUGE

Les services de secours interviennent généralement dans les 5 à 10 minutes suivant l'appel reçu.

Informations détaillées

Chaque minute compte. En donnant le plus grand nombre d'informations aux services de secours, ceux-ci peuvent adapter leur dispositif d'intervention.

Renseignements complets

Pour une meilleure efficacité des secours, il faut leur communiquer toutes les informations susceptibles de les aider : **lieu précis** de l'accident, direction, **nombre de véhicules impliqués**, **nombre de blessés**, état apparent des blessures, présence de personnes incarcérées, circonstances de l'accident (choc frontal entre deux véhicules, collision contre un arbre, sortie de route, etc.). Chaque détail compte.

Consignes

Dans la mesure du possible, l'interlocuteur en ligne avec les secours doit **garder son calme** pour faire un exposé clair de la situation. Il doit écouter attentivement les instructions qui peuvent lui être données. Il doit absolument rester en ligne tant que le service des secours ne lui donne pas l'instruction de raccrocher.

Organisation

Si plusieurs personnes arrivent en même temps sur le lieu d'un accident, dans la mesure du possible, elles doivent s'efforcer de **s'organiser entre elles** pour se répartir les tâches : protéger les lieux, alerter les secours et assister les blessés. Une telle organisation peut faire gagner un temps précieux et sauver des vies.

INFORMATIONS

Dans la mesure du possible, la personne qui appelle les secours doit rester calme pour donner toutes les informations utiles aux services de secours.

PRÉCISION

Hors agglomération, il faut s'efforcer de donner aux secours la localisation la plus précise possible du lieu de l'accident.

UN SEUL APPEL

Lorsque plusieurs personnes sont simultanément témoins d'un accident, une seule doit se charger d'appeler les secours pour plus d'efficacité.

Perte de connaissance

En présence d'une victime qui ne répond pas, ne réagit pas mais qui respire, il faut veiller à ce qu'elle ne s'étouffe pas.

Position latérale de sécurité

Il faut s'assurer que ses voies respiratoires ne s'obstruent pas en la plaçant sur le côté, en **position latérale de sécurité (PLS) avec un genou fléchi**. Cette position permet de maintenir libres les voies respiratoires et facilite l'écoulement des liquides éventuellement présents dans la bouche (sang, bile, salive, etc.). Cela évite aussi le risque d'étouffement si la langue chute en arrière dans la trachée.

Respiration

Il faut surveiller en permanence **la respiration d'un blessé** en s'approchant de sa bouche pour sentir l'air expiré et s'assurer que son ventre et sa poitrine se soulèvent.
Lorsque la victime est un motard, le contrôle de sa respiration n'est pas facile car **il ne faut en aucun cas lui retirer son casque**. En pareil cas, les personnes présentes doivent tenter de contrôler sa respiration en soulevant la visière sans déplacer la tête ou vérifier que sa poitrine se soulève.

Conscience

Pour apprécier l'état de conscience d'une victime, il faut :
- lui bouger doucement les épaules ;
- lui prendre la main et lui demander de la serrer ;
- lui poser des questions simples : vous m'entendez ?, comment ça va ?

Si la victime reprend connaissance, inutile de lui donner des détails sur l'étendue de ses blessures ou de celles des autres accidentés afin de ne pas l'affoler inutilement.

BLESSURES

Avant l'arrivée des secours, les premiers arrivants sur le lieu d'un accident doivent faire le tour des blessés pour estimer leur état de santé.

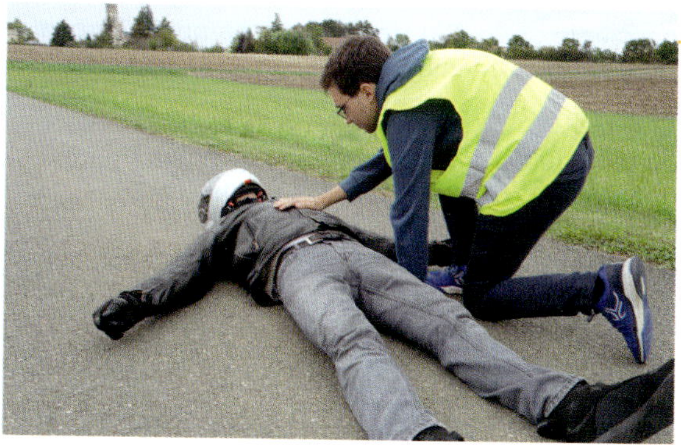

RESPIRATION

En s'approchant au plus près du blessé, le témoin vérifie sa respiration. S'il s'agit d'un motard, seuls les secours seront habilités à lui retirer son casque.

PLS

Mettre la victime en position latérale de sécurité permet d'éviter qu'elle ne s'étouffe.

Hémorragie et traumatismes

La perte prolongée de sang qui ne s'arrête pas d'elle-même constitue une hémorragie qu'il faut stopper rapidement. Un traumatisme interdit de déplacer la victime.

Vérification

Ne pas hésiter à ouvrir les vêtements de la victime pour **vérifier les possibles saignements**. L'urgence consiste à **bloquer la perte** abondante **de sang** et non pas à traiter les éventuelles écorchures qui, elles, s'arrêtent après quelques minutes et ne mettent pas la santé de la victime en danger. L'hémorragie est une perte abondante de sang qui peut, rapidement, conduire à une détresse respiratoire puis à un possible arrêt cardiaque.

Compression

Pour stopper une hémorragie, il faut **appuyer fortement sur l'endroit** qui saigne, avec les doigts ou avec la paume de la main en plaçant un tissu propre sur la plaie (mouchoir, écharpe, vêtement, etc.).
Il ne faut pas avoir peur de faire mal au blessé et appuyer très fort, sans relâcher jusqu'à l'arrivée des secours.
Si la victime est consciente et en état de le faire, elle peut comprimer elle-même la plaie pendant que le témoin appelle les secours.

Douleurs vives

Une victime qui se plaint de douleurs ou qui ne peut plus bouger un membre souffre probablement d'un **traumatisme**. Celui-ci peut être une lésion au niveau des os (fracture), des articulations (luxation ou entorse) ou des organes internes (foie, estomac, etc.). En pareil cas, sauf danger imminent, il ne faut pas déplacer le blessé sous peine d'aggraver son état et de lui causer des complications irréversibles.

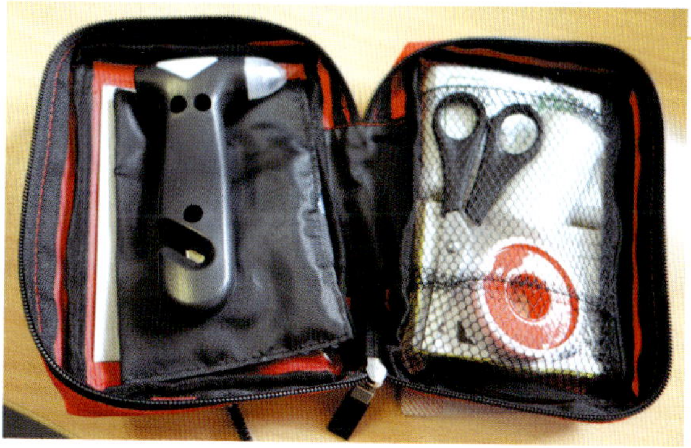

TROUSSE

La détention, facultative en France, d'une trousse de secours peut être utile pour faire les premiers gestes en attendant l'arrivée des secours.

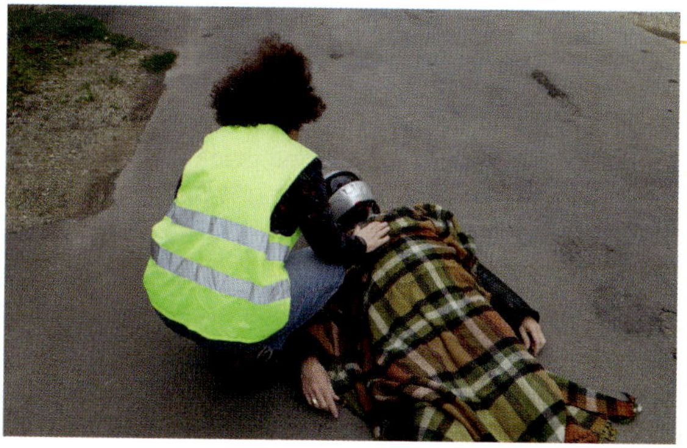

COUVERTURE

Si le blessé se plaint du froid, il faut le couvrir avec une couverture ou un vêtement. Une couverture de survie permet de garder la chaleur corporelle.

ATTENTE

En présence d'un blessé souffrant de fractures, il ne faut pas le déplacer mais sécuriser les lieux en attendant l'arrivée des secours.

Arrêt cardiaque

Gravissime, l'arrêt cardiaque n'est pas fatal si certains gestes sont faits rapidement et efficacement pour permettre une oxygénation du cerveau.

Urgence

Un arrêt cardiaque provoque des lésions irréversibles du cerveau par **manque d'oxygène** après seulement une minute. Chaque minute perdue diminue de 10 % les chances de survie de la victime selon une chronologie très courte :
- moins de 2 minutes pour constater l'arrêt cardiaque et alerter les secours ;
- moins de 3 minutes pour faire un massage cardiaque ;
- moins de 5 minutes pour procéder à une défibrillation précoce ;
- moins de 15 minutes pour les premiers soins médicaux.

Symptômes

Les signes d'un problème cardiaque peuvent être multiples. La victime :
- **ne réagit pas** et ne répond pas aux questions ;
- **ne respire pas** ou de façon anarchique.

Massage cardiaque

La réanimation cardio-pulmonaire (**RCP**) consiste à tenter de relancer le cœur en pratiquant successivement deux gestes, sans interruption :
- 30 compressions sur le thorax de la victime, allongée sur le dos ;
- puis 2 insufflations (le bouche à bouche).

Défibrillateur

La meilleure solution pour tenter de **relancer le cœur** consiste à **utiliser un défibrillateur automatisé externe (DAE)**. L'appareil, doté d'une notice explicative et d'indications vocales, se charge tout seul du diagnostic et délivre le choc électrique seulement s'il détecte effectivement un problème cardiaque.

Autrement dit, il n'y a aucun risque à utiliser l'appareil même si l'on n'est pas certain qu'il s'agit bien d'un arrêt cardiaque.

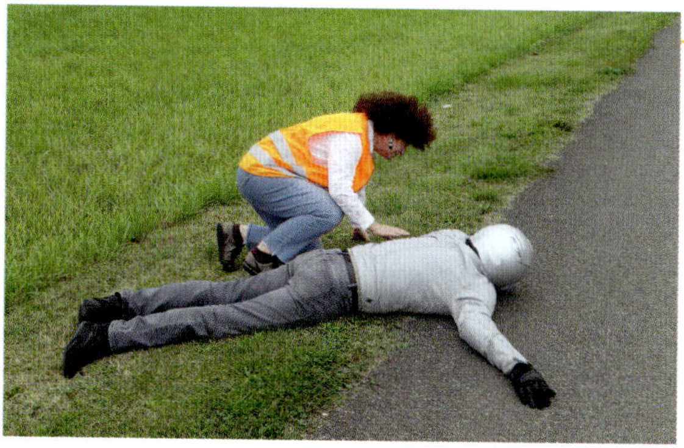

COMPRESSIONS

Les compressions thoraciques doivent être faites toutes les deux minutes en veillant à ne pas les interrompre.

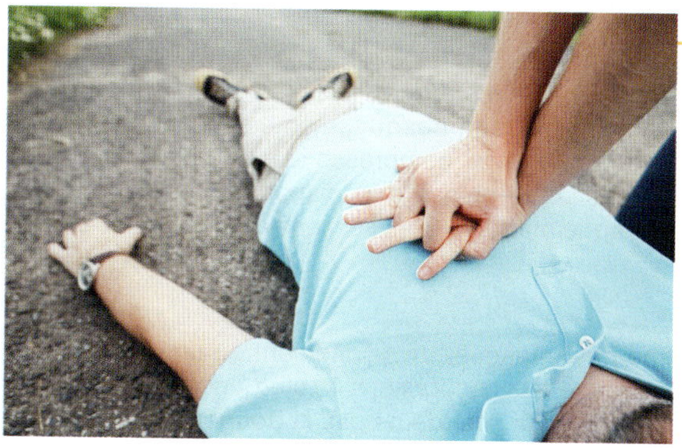

URGENCE

Une réanimation cardio-pulmonaire faite dès les premières minutes augmente de 10 % les chances de survie.

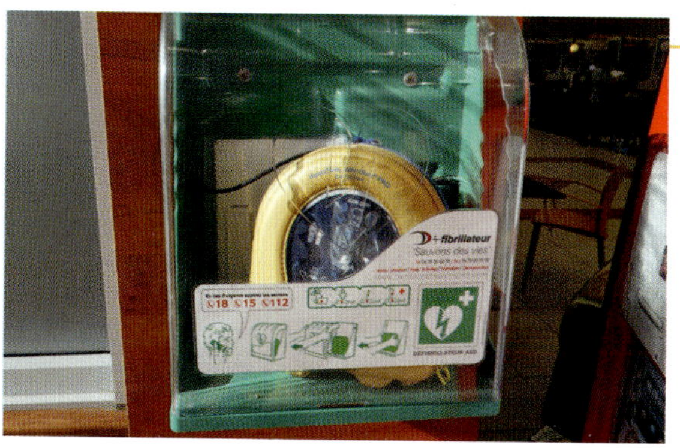

DÉFIBRILLATEUR

Disponible dans de nombreux lieux publics, le défibrillateur automatisé extérieur (DAE) ne nécessite aucune connaissance médicale pour être utilisé en sécurité.

Gestes interdits

Même s'ils partent d'une bonne intention, certains gestes sont à prescrire sous peine d'aggraver l'état de santé d'un blessé.

Déplacement

Il est absolument **déconseillé de déplacer un blessé**. Seul un risque grave et imminent, non contrôlable (risque d'explosion, départ de feu, circulation non interrompue, etc.), peut justifier un déplacement d'un blessé. La victime doit être visible, facile à atteindre, et rien ne doit gêner son dégagement.

En pareil cas, cette manœuvre – tout à fait exceptionnelle – doit être effectuée avec beaucoup de précaution pour éviter de générer des séquelles irréversibles et/ou mortelles (rupture des cervicales, de la moelle épinière, etc.). Il faut ensuite placer la victime en position latérale de sécurité (PLS).

Boisson

Il ne faut pas donner à boire à une victime, même si celle-ci en fait la demande. **Seuls les secours décideront** de la conduite à tenir en fonction de son état de santé.

Casque

Lorsque l'accident concerne un motard, les premiers témoins ne doivent en aucun décider de lui **retirer son casque**, même si celui-ci est apparemment intact. Un choc peut avoir compressé le crâne ou comprimé la nuque. Certains modèles sont équipés d'un dispositif de déverrouillage permettant d'ôter le casque mais seuls les services de secours sont habilités à l'utiliser.

Vêtements

La tenue de la victime peut masquer un saignement ou une hémorragie. Pour le vérifier, en l'absence des secours et s'il y a urgence, on peut ouvrir ses vêtements mais en prenant soin de ne pas la bouger.

DÉPLACEMENT

Une fois l'appel des secours effectué, il faut rester près du blessé et ne le déplacer qu'en cas d'absolue nécessité.

BOISSON

Même si le blessé en fait la demande, il ne faut pas lui donner à boire. Les services de secours décideront.

CASQUE

Il ne faut jamais retirer le casque d'un motard victime d'un accident. Ce sont les services de secours qui décideront de l'attitude à tenir.

8 Secourir

1

Sur les lieux d'un accident matériel, le port du gilet de haute visibilité est obligatoire pour :

A l'automobiliste B le motard

C les passagers

2

Arrivé le premier sur les lieux d'un accident, je commence par :

A appeler les secours

B relever la victime

C sécuriser les abords

3

Pour pratiquer un massage cardiaque, une formation spécifique est :

A obligatoire B recommandée

Le massage cardiaque permet de sauver des vies : C OUI D NON

4

Retirer le casque d'un motard accidenté peut lui causer de graves séquelles :

A OUI B NON

5

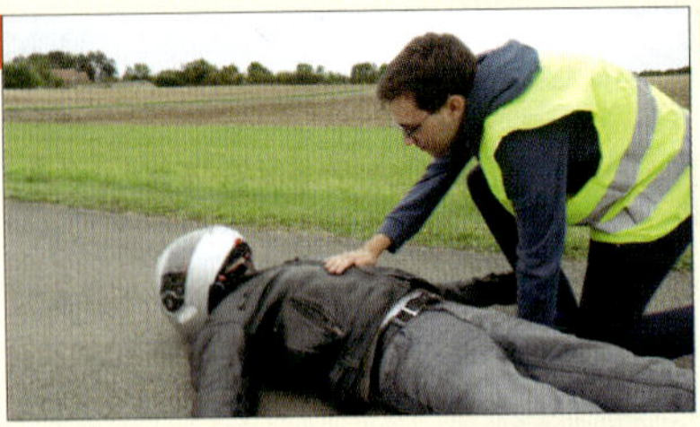

Avant d'appeler les secours, je vérifie si la victime :

– respire A OUI B NON

– est consciente C OUI D NON

6

Cette victime inconsciente risque :

– l'asphyxie A OUI B NON

– un arrêt cardiaque C OUI D NON

1AB / 2C / 3BC / 4A / 5AC / 6AC

7

Après un accident avec des dommages corporels et matériels :

– je déplace le véhicule A OUI B NON

– j'actionne le coupe-circuit de sécurité C OUI D NON

8

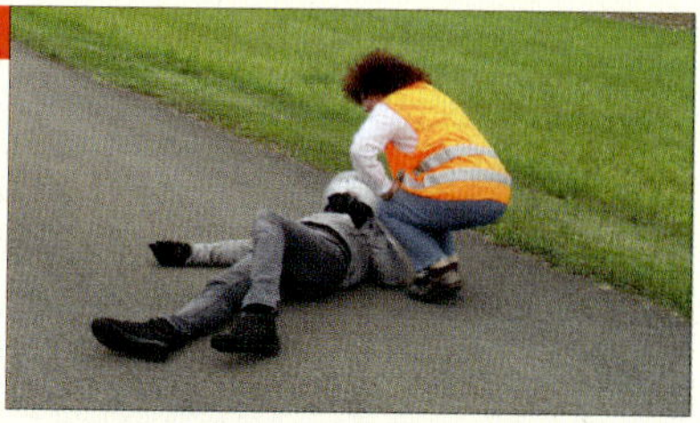

Pour porter secours de manière efficace, je commence toujours par :

A protéger les lieux

B appeler les secours

9

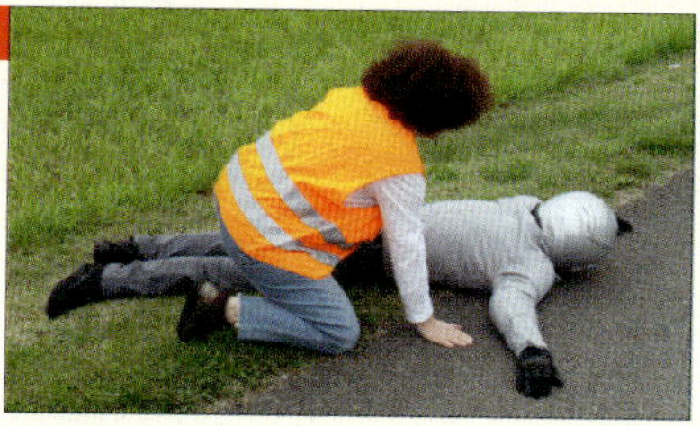

Une victime ayant perdu connaissance :

A ne répond pas aux questions

B reste immobile

C ne respire plus D respire

10

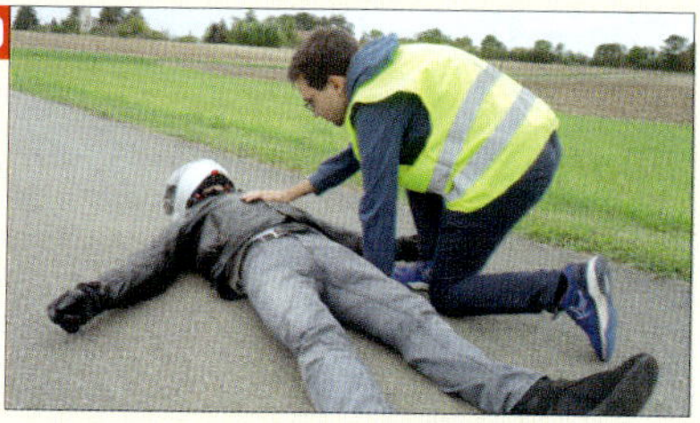

Se pencher au-dessus d'une victime permet de :

– détecter sa respiration A OUI B NON

– voir si sa poitrine se soulève C OUI D NON

11

Alerter les secours efficacement, c'est préciser :

A le lieu de l'accident

B le nombre d'accidentés

C la marque du véhicule

12

Lorsque j'alerte les secours :

– j'active la fonction « cacher mon numéro » A OUI B NON

– je raccroche dès que j'ai indiqué le lieu de l'accident C OUI D NON

7BC / 8A / 9ABD / 10AC / 11AB / 12BD

9 Conduite pratique

Documents obligatoires

Dès lors qu'il circule sur la voie publique, en cas de contrôle, le motard doit être en mesure de présenter plusieurs documents.

Permis de conduire

Les conducteurs doivent posséder le permis de conduire correspondant au type de véhicule autorisé. Les nouveaux conducteurs en attente de la réception de leur permis définitif doivent circuler avec leur **certificat d'examen du permis (CEPC)**. Sa validité est toutefois limitée à 4 mois.

Certificat d'immatriculation

La carte grise, véritable carte d'identité du véhicule, doit impérativement figurer parmi les papiers dont dispose le motard en circulation. Il faut présenter le **document original** et non pas une photocopie.
En cas de changement d'adresse ou de vente du véhicule, le titulaire du certificat dispose d'un délai d'**un mois** pour faire procéder au **changement d'adresse**.

Attestation d'assurance

La loi fait obligation à tous les propriétaires d'assurer leur véhicule et d'être ainsi en mesure de présenter **une attestation d'assurance**. Une vignette verte d'assurance doit être apposée sur la moto, dans un endroit visible (garde-boue avant, fourche, bulle, etc.).
Circuler sans assurance constitue une **infraction grave** lourdement sanctionnée avec, en cas d'accident, le risque de devoir prendre personnellement en charge l'indemnisation des victimes.

Oubli

La non-présentation immédiate des papiers expose à des sanctions :
– permis de conduire et certificat d'immatriculation : amende forfaitaire de 11 € ;
– attestation d'assurance : amende forfaitaire de 35 €.
À ces amendes s'en ajoute une autre de 135 € en cas de non-présentation des documents dans les 5 jours au commissariat ou à la gendarmerie.

Gilet de sécurité

La possession obligatoire d'un **gilet rétroréfléchissant** s'applique également aux motards. Pour les modèles à deux places, il faut en avoir deux exemplaires de manière à protéger le/la passager(ère).
Ce gilet doit être accessible facilement afin d'être enfilé le plus tôt possible.

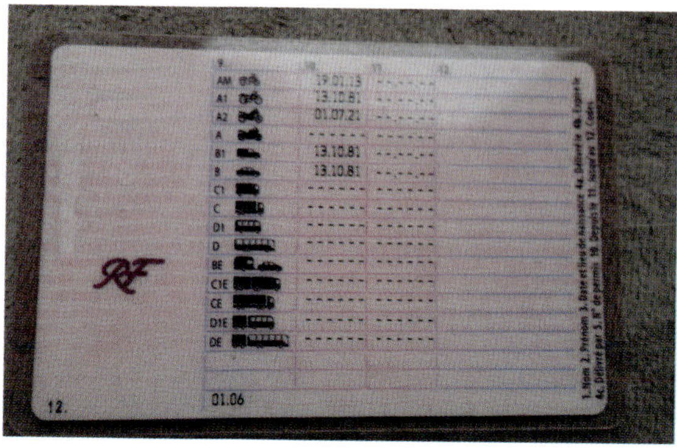

PERMIS

Le verso du permis de conduire indique les catégories de véhicules accessibles au conducteur.

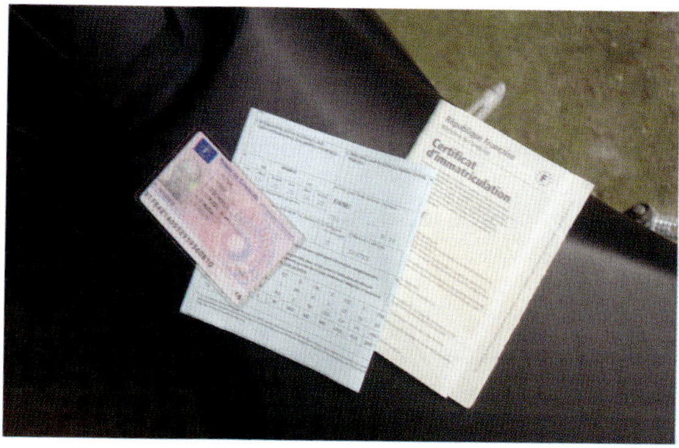

PAPIERS

Tous les conducteurs doivent circuler avec le triptyque : permis de conduire, carte grise et attestation d'assurance.

SÉCURITÉ

En cas de panne ou d'accident, le gilet rétroréfléchissant doit être enfilé dès que possible pour bien signaler sa présence aux autres conducteurs.

Assurance

Circuler avec une moto non assurée, c'est prendre le risque de ne pas être indemnisé et de devoir supporter personnellement tous les frais en cas d'accident.

Couverture obligatoire

La garantie « **responsabilité civile** » (dite « au tiers ») est l'assurance minimale obligatoire. Elle couvre les dommages matériels et corporels causés aux autres.
En revanche, cette garantie n'indemnise pas l'assuré pour ses propres dommages lorsqu'il est déclaré **seul responsable du sinistre**.

Garanties facultatives

Les assurés ont la possibilité de **personnaliser** leur couverture en optant pour des garanties plus complètes que la « responsabilité civile » de base.
Ces garanties facultatives peuvent se cumuler :
– dommages tous accidents (« tous risques ») : prend en charge les dommages subis par le véhicule même si le conducteur est responsable du sinistre ;
– dommages collision : prend en charge les dégâts du véhicule lorsque le conducteur est responsable d'un accident avec un véhicule identifié ou un piéton ;
– individuelle conducteur : prend en charge les dommages corporels du conducteur ;
– défense-recours : prend en charge les honoraires d'avocat ;
– vol-incendie ;
– bris de glace ;
– accessoires.
Les contrats diffèrent selon les assureurs. Mieux vaut comparer les offres avant de se décider.

Constat amiable

Il n'est légalement pas obligatoire de disposer d'un **constat amiable** dans son véhicule mais, en pratique, ce document est absolument indispensable pour régler rapidement un accrochage entre plusieurs véhicules.
Le document doit être rempli par les deux parties et signé, chacune en conservant un exemplaire pour l'adresser dans les 5 jours à son propre assureur.

E-constat

Il est désormais possible de remplir un **constat amiable électronique**, *via* un smartphone, avec l'application des assureurs (www.e-constat auto.fr).
Le modèle est strictement identique à la version papier et a la même valeur juridique mais il est soumis à quelques restrictions :
– l'accident a eu lieu exclusivement en France ;
– il n'y a pas plus de 2 véhicules impliqués ;
– les véhicules sont immatriculé en France.

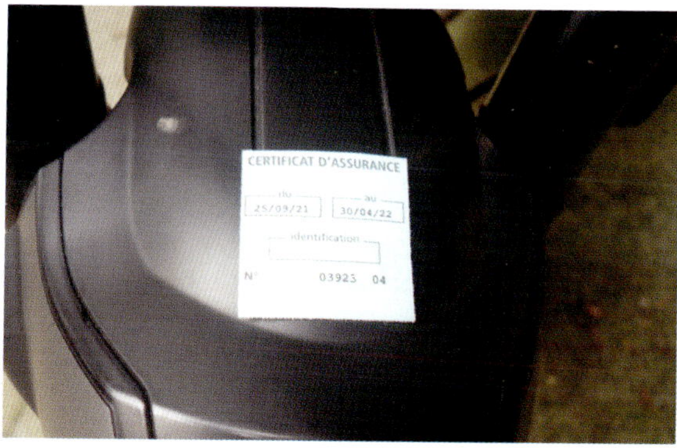

MACARON

La vignette verte doit être collée sur la moto au choix du motard mais visuellement accessible en cas de contrôle.

GARANTIE MINIMALE

La garantie responsabilité civile, minimum obligatoire, permet d'indemniser les dégâts causés aux autres.

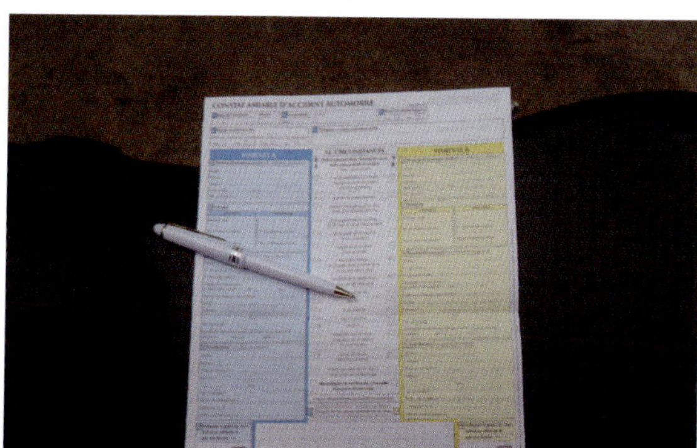

CONSTAT

Le remplissage du constat doit être fait avec attention car il détermine les responsabilités des conducteurs impliqués dans un accrochage.

Permis probatoire

Les conducteurs qui viennent d'obtenir leur permis, auto ou moto, ne disposent que d'un capital de 6 points qui sera recrédité au fil du temps pour atteindre le plafond de 12 points.

Nouveau titulaire

Le permis probatoire est attribué à :
– ceux qui obtiennent leur permis pour la **première fois** à la suite de leur réussite à l'examen ;
– ceux qui, après une **invalidation administrative** ou une annulation judiciaire, obtiennent un **nouveau permis** après avoir repassé et réussi l'intégralité des épreuves ;
– ceux qui obtiennent leur permis par **conversion d'un brevet militaire** de moins de 3 ans ou par échange d'un permis étranger dont l'ancienneté est inférieure à 3 ans.

Dérogations

Durant cette période probatoire, tous les conducteurs ne sont pas soumis aux mêmes **obligations et restrictions**. Un candidat au permis moto qui possède un autre permis (B, C, etc.) depuis au moins 3 ans n'est pas considéré comme un conducteur novice et n'est pas soumis aux obligations de limitation de vitesse et du port du « A » à l'arrière de la moto.

Capital

À sa délivrance, le permis de conduire est doté d'un capital de **6 points**. L'acquisition des 6 points complémentaires se fait progressivement à raison de **2 points par an** au cours des **3 années suivantes** si aucune infraction routière sanctionnée par un retrait de point(s) n'est commise entre-temps.

Infractions simultanées

En cas de commission simultanée de plusieurs infractions, la perte est plafonnée à **6 points**. Un conducteur novice peut donc perdre définitivement son permis en **une seule fois**.
Pour plusieurs infractions routières simultanées dont l'une au moins constitue un délit, le retrait est limité à 8 points.

Permis invalidé

La perte des 6 points (pour un conducteur novice) ou des 12 points (pour les autres conducteurs) entraîne automatiquement **l'invalidation du permis** pour toutes les catégories (moto, auto, poids lourd, etc.). Avec interdiction de repasser le permis avant 6 mois.
Le conducteur qui, sur une période de 5 ans, perd deux fois la totalité de ses points voit l'interdiction de se présenter à l'examen du permis portée à un an et le nouveau permis obtenu sera alors probatoire, quel que soit le nombre de ses années de conduite.

JEUNES

Le plaisir de piloter une moto puissante ne doit pas faire perdre conscience du danger de circuler en deux-roues.

CAPITAL

Il suffit de conduire prudemment et de respecter le code de la route pour acquérir automatiquement les 12 points du permis.

PERTE

Le capital initial de 6 points est fragile car une seule infraction grave suffit à l'annuler et à invalider le permis de conduire.

Barème des principales infractions

Le retrait de points est automatique lorsque le conducteur commet une ou plusieurs infractions.

1 point

– dépassement de moins de **20 km/h** de la vitesse maximale autorisée ;
– chevauchement d'une **ligne continue** ou de la bande d'arrêt d'urgence.

2 points

– dépassement compris entre **20 km/h et moins de 30 km/h** de la vitesse autorisée ;
– accélération au moment d'être dépassé.

3 points

– dépassement compris entre **30 km/h et moins de 40 km/h** de la vitesse autorisée ;
– dépassement, arrêt ou stationnement **dangereux** ;
– franchissement d'une **ligne continue** ;
– **non-port du casque** ou de la ceinture de sécurité ;
– conduite avec un **téléphone à la main**.

4 points

– dépassement entre **40 km/h et moins de 50 km/h** de la vitesse autorisée ;
– non-respect de la priorité, d'un feu rouge ou d'un panneau Stop ;
– circulation en sens interdit.

6 points

– dépassement de **50 km/h** ou plus de la vitesse autorisée ;
– conduite avec un **taux d'alcoolémie** compris entre 0,5 et 0,8 g/l ;
– refus d'obtempérer ou d'immobiliser son véhicule ;
– délit de fuite ;
– utilisation d'un détecteur de radar ;
– refus de priorité à un piéton s'engageant régulièrement dans la traversée de la chaussée ;
– conduite en période de suspension du permis.

VITESSE

Le motard ne doit pas se laisser griser par la configuration de la route et le climat favorable pour rouler vite.

LIGNE CONTINUE

Franchir une ligne continue constitue non seulement une infraction mais elle met le motard en danger avec le risque d'un choc frontal.

PRIORITAIRE

En toutes circonstances, les piétons bénéficient d'une priorité de passage. La leur refuser entraîne une amende forfaitaire de 135 € et un retrait de 6 points.

Récupération des points

La perte des points n'est pas définitive, et tant qu'il lui en reste au moins un, le conducteur récupère les points perdus selon deux méthodes.

Reconstitution automatique

Sans nouvelle infraction routière sanctionnée par un nouveau retrait de points, le capital se reconstitue **au fil du temps** :

- 1 point retiré : récupération après 6 mois ;
- 2 ou 3 points retirés : récupération après 2 ans (3 ans pour les conducteurs novices) ;
- 4 points ou plus : récupération après 3 ans.

Un conducteur récupère ses 12 points s'il n'a subi aucun retrait de points sur une période de 2 ans (3 ans en cas de délit ou de contravention de 4e ou 5e classe).

Stage facultatif de sensibilisation

Les conducteurs peuvent reconstituer, volontairement et à concurrence de 4 points, leur capital en effectuant un **stage de sensibilisation à la sécurité routière**. Ce stage est payant et à la charge du conducteur. Il est accessible tous les ans.

Cette formation est obligatoire pour les conducteurs titulaires du permis de conduire depuis moins de 2 ans qui ont commis une infraction entraînant une perte de 3 à 5 points. Et le titulaire d'un permis probatoire qui se trouve obligé de suivre un second stage avant le délai de 2 ans ne récupère aucun point.

Récupération avec le temps

Sans suivre de stage, le conducteur récupère un point perdu après 6 mois sans nouvelle infraction passible d'un retrait de point(s). Au-delà d'un point retiré, le délai de récupération est de deux ans pour un retrait de 2 ou 3 points et de trois ans pour un retrait d'au moins 4 points.

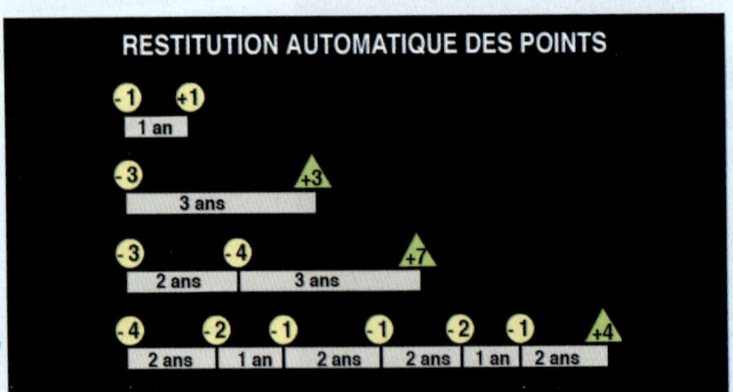

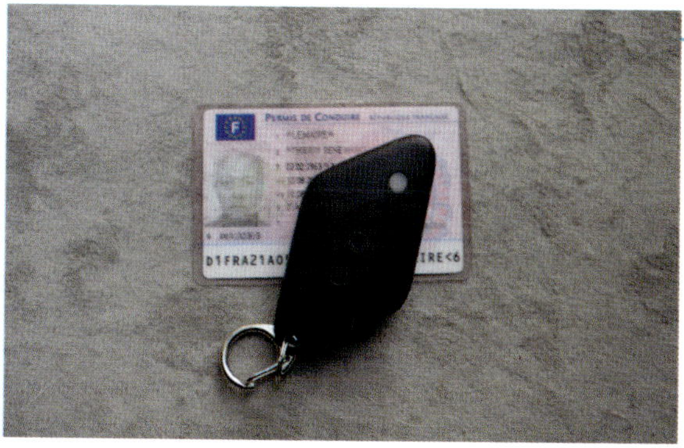

RESTITUTION

La perte de points sur le permis n'est pas définitive tant que le capital n'est pas totalement épuisé.

SENSIBILISATION

Durant la période probatoire, le retrait d'au moins 3 points oblige à suivre un stage de sensibilisation à la sécurité routière.

STAGE DE RÉCUPÉRATION

En cas de solde de points proche de zéro, il vaut mieux ne pas attendre et suivre un stage pour reconstituer partiellement son capital.

Contraventions et délits

Certains écarts de conduite sont sanctionnés par une simple amende tandis que les fautes les plus graves exposent à de lourdes sanctions.

Contravention

Les infractions au code de la route sont sanctionnées, selon leur degré de gravité, par une contravention allant de la **1re à la 5e classe** avec une **amende forfaitaire** dont le montant varie selon la date du paiement.

Délit

Les fautes les plus graves sont qualifiées de délit et entraînent une **convocation devant le tribunal correctionnel**. Le conducteur s'expose à une peine d'emprisonnement, une forte amende et à des peines complémentaires (confiscation du véhicule, annulation du permis, etc.).
– délit de fuite : jusqu'à 3 ans de prison, perte de 6 points et jusqu'à 75 000 € d'amende ;
– refus d'obtempérer : jusqu'à 1 an de prison, retrait de 6 points, suspension du permis et amende de 7 500 €.

Retrait immédiat

Les forces de l'ordre peuvent procéder au **retrait sur-le-champ** du permis de conduire lorsque la sécurité est menacée :
– usage de stupéfiants ;
– état alcoolique ou refus de se soumettre à un dépistage ;
– excès de vitesse de 40 km/h et plus ;
– implication dans un accident mortel avec soupçon d'infraction préalable (refus de priorité, excès de vitesse, etc.).

ATTENTION

Les sanctions

Les sanctions dépendent de l'alcoolémie relevée :
– entre 0,50 g/l (0,20 g/l pour les conducteurs novices) et 0,79 g/l par litre de sang (entre 0,25 mg/l et 0,39 mg/l d'air) : amende forfaitaire de 135 euros, retrait de 6 points et possible suspension du permis ;
– à partir de 0,80 g/l (0,40 mg/l) : retrait de 6 points, suspension ou annulation du permis et possibilité d'une amende de 4 500 euros et de 2 ans d'emprisonnement.

Par ailleurs :
– l'association drogue/alcool peut être punie de 9 000 euros d'amende et de 3 ans d'emprisonnement ;
– occasionner des blessures graves sous l'emprise de l'alcool peut entraîner une amende de 30 000 euros ;
– provoquer un accident mortel expose à 10 ans de prison et à 150 000 euros d'amende.

STATIONNEMENT

Le stationnement devant un garage est classé comme gênant et sanctionné par une contravention de 35 €, et ce, même s'il s'agit de son propre garage.

DÉLIT

Refuser de s'arrêter à un contrôle des forces de l'ordre entraîne l'annulation pure et simple du permis probatoire avec la perte de 6 points.

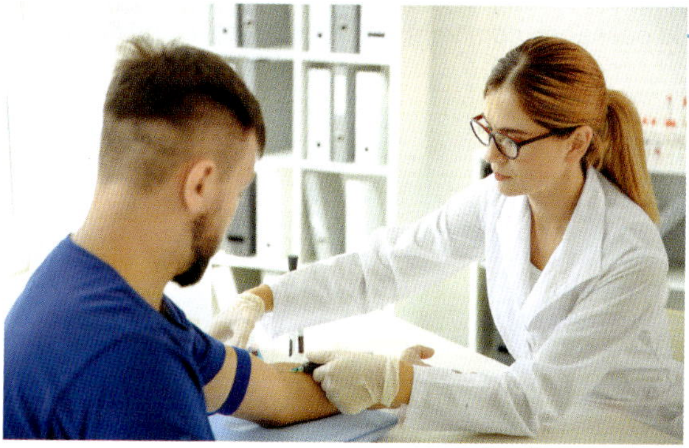

PRISE DE SANG

Lorsque le conducteur refuse de se soumettre à un dépistage ou lorsqu'il est dans l'incapacité de le faire (blessé ou inconscient), on lui fait faire une prise de sang.

Passager

La présence d'un passager change le comportement de la moto, devenue plus lourde et moins maniable. Le motard doit en tenir compte et adopter une conduite plus souple.

Changements

Avec **deux personnes** à bord, la moto n'a plus le même comportement :
- déplacement du centre de gravité ;
- abaissement de la garde au sol ;
- délestage de la roue avant ;
- hausse du poids sur la roue arrière ;
- plus grande sensibilité au vent.

Le conducteur doit donc **adoucir sa conduite**, en évitant les fortes accélérations et les freinages appuyés, en renonçant aux dépassements nécessitant une distance plus importante.

Installation

Le passager doit être **le plus près possible** du conducteur, en collant ses genoux contre lui et en se tenant aux poignées de la moto ou bien autour de la taille du pilote.
Si ce passager est débutant et peu habitué à la moto, il faut lui expliquer la conduite à tenir : faire corps avec le pilote en suivant les inclinaisons de la moto dans les virages (un passager néophyte aura instinctivement tendance à se pencher du côté opposé au virage).

Réglage

La moto doit également **être adaptée à la conduite en duo**.
Avant de partir, il faut :
- augmenter sensiblement la pression des pneus ;
- si la moto le permet, modifier la précharge de la suspension arrière.

Communication

Pour la sécurité de l'équipage, il est important que le motard et son passager **se parlent** et s'accordent avant et pendant le trajet. Pour le motard, par exemple, en expliquant à son passager quelle position adopter dans les virages et, pour le passager, comment guider le pilote sur un itinéraire.

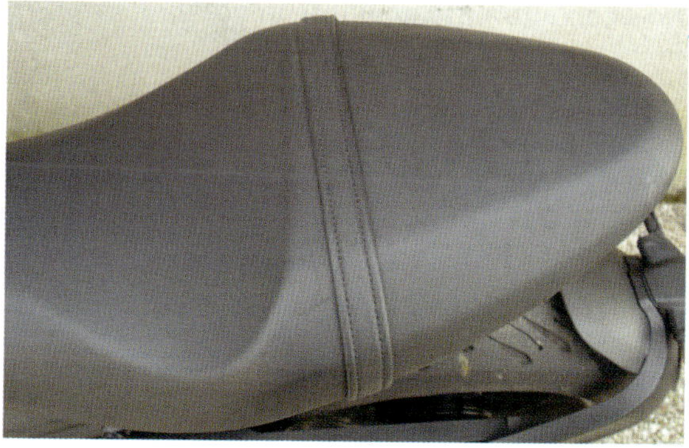

SELLE BI-PLACE

Le transport d'un passager s'effectue exclusivement sur une moto équipée d'une selle à deux places avec sangle ou de deux poignées de maintien incorporées au chassis.

DUO

Le comportement de la moto change lorsqu'elle transporte deux personnes.
Le pilote peut avoir besoin de quelques kilomètres pour s'habituer.

AMORTISSEUR

Si ce réglage est possible sur la moto, la dureté de l'amortisseur arrière doit être augmentée avant un trajet à deux personnes.

Bagages

Moins lourds qu'un passager, les bagages augmentent néanmoins le poids de la moto et en altèrent l'équilibre général.

Sac à dos

Dans la mesure du possible, **mieux vaut éviter de circuler avec un sac à dos**. En cas de chute, les objets qu'il contient peuvent provoquer de graves blessures. À moins d'opter pour un sac à dos moto, équipé d'une dorsale.

Sacoches

L'utilisation de **sacoches pour moto** est fortement recommandée.
Il en existe plusieurs types :
- sacoches cavalières (disposées de chaque côté de la roue arrière) ;
- sacoche de réservoir ;
- top-case à l'arrière.

La sacoche de réservoir offre l'avantage de modifier très modérément le centre de gravité de la moto et donc de respecter le triangle de sécurité.

Remorque

En cas de transport volumineux, la solution peut passer par une remorque attelée à la moto grâce à un **dispositif homologué**. Le PTAC de la remorque ne doit toutefois pas dépasser 50 % du poids à vide de la moto. Et si la remorque pèse plus de 80 kilos, elle doit être équipée de deux systèmes de freinage indépendants. La longueur totale de l'attelage ne peut pas dépasser 4 mètres.

SAC À DOS

Faute de pouvoir transporter ses affaires dans un coffre ou une sacoche, il faut au moins veiller à ne pas trop alourdir son sac à dos ni transporter des objets contendants.

SACOCHE

L'ajout de sacoches latérales permet de transporter un volume conséquent de bagages et d'éviter d'utiliser un sac à dos, déconseillé pour la sécurité du motard.

ACCROCHE

En plus des sacoches latérales, il est possible d'installer un dispositif sur le réservoir pour y accrocher une troisième sacoche centrale.

9 Conduite pratique

1

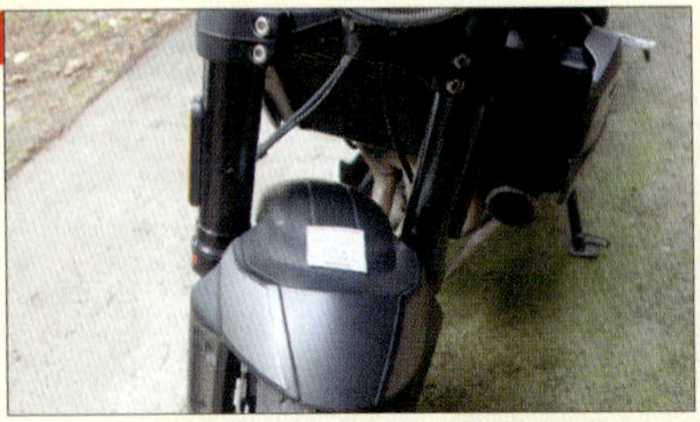

Je suis sanctionné en cas :

– de non-apposition du certificat d'assurance A OUI B NON

– d'apposition d'un certificat non valide

C OUI D NON

2

En période probatoire, je circule :

A à 70 km/h

B à 80 km/h

3

Avec le permis A2, je peux conduire une moto d'une puissance maximale de :

A 15 CV B 34 CV C 47 CV

4

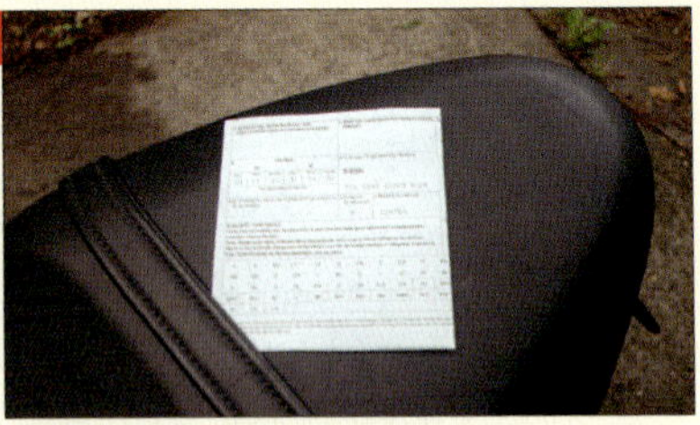

L'assurance responsabilité civile :

– couvre les dégâts matériels et corporels causés aux tiers A OUI B NON

– est obligatoire C OUI D NON

5

Généralement, les motos ont un frein moteur plus important que celui des voitures :

A OUI B NON

6

Le transport d'un passager de moins de 5 ans est interdit :

A OUI B NON

1AC / 2B / 3C / 4AC / 5A / 6B

7

En agglomération, les limitations de vitesse sont différentes pendant la période probatoire :

A OUI B NON

8

Les radars sont implantés dans les zones où la perception des risques est la moins importante :

A OUI B NON

9

En virage, les pointes des pieds sont écartés pour :

– repérer l'inclinaison maximale

A OUI B NON

– améliorer la stabilité C OUI D NON

10

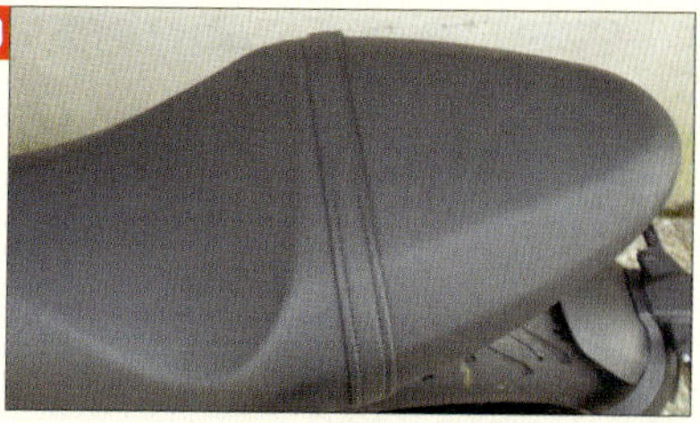

Toutes les motos me permettent de transporter un passager :

A OUI B NON

11

Je risque de graves séquelles si je circule à moto avec un casque non attaché :

A OUI B NON

12

En conduite de nuit :

– le champ visuel est réduit

A OUI B NON

– l'absorption d'alcool réduit la mobilité visuelle C OUI D NON

7B / 8A / 9BD / 10B / 11A / 12AC

9 Conduite pratique

13

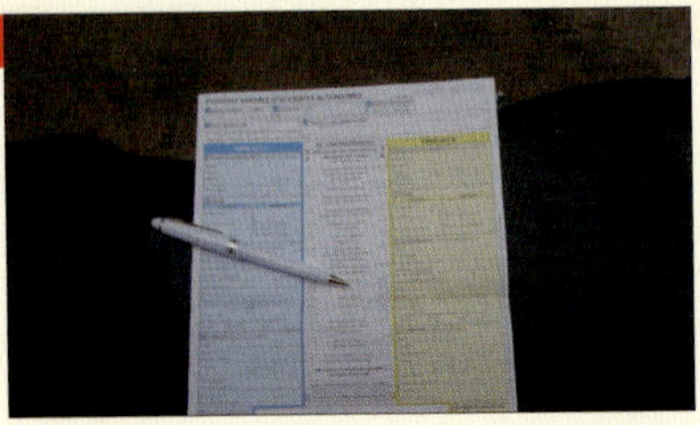

Les cases cochées permettent aux assureurs de déterminer les responsabilités :

A OUI **B** NON

14

Le transport des équipements du motard se fait de préférence :

A dans un sac à dos

B dans une sacoche moto

15

Le coût de l'assurance varie selon :

– l'expérience du motard **A** OUI **B** NON

– le type de moto **C** OUI **D** NON

16

Je ne suis pas assuré. En cas d'accident, je risque de devoir payer les dégâts causés :

– aux victimes **A** OUI **B** NON

– au domaine public **C** OUI **D** NON

17

Un motard doit toujours avoir sur lui :

A son permis de conduire

B le contrôle technique du véhicule

C son attestation d'assurance

18

Titulaire du permis A2 et en période probatoire :

A j'appose un macaron A sur la moto

B je conduis de jour uniquement

13A / 14B / 15AC / 16AC / 17AC / 18A

19

À moto, j'ai l'obligation d'avoir avec moi :
- un éthylotest non usagé **A** OUI **B** NON
- un gilet de haute visibilité **C** OUI **D** NON

20

Circuler avec un sac à dos est dangereux :
A OUI **B** NON

21

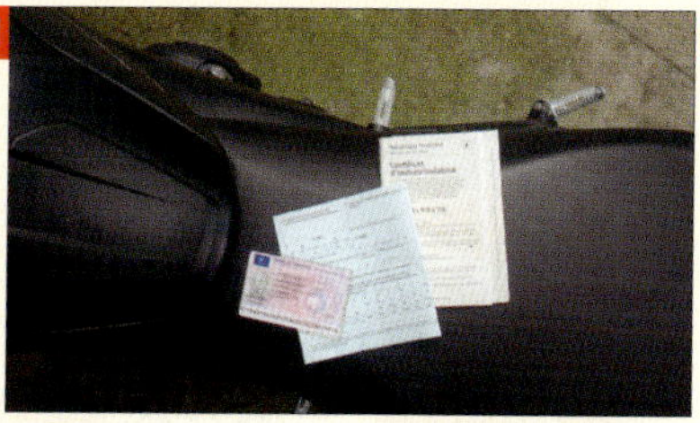

Je suis passible d'une amende en cas de non-possession des documents obligatoires : **A** OUI **B** NON

J'ai l'obligation de les présenter dans un délai de 7 jours : **C** OUI **D** NON

22

L'anti-patinage est un dispositif de sécurité : **A** active **B** passive

Pour conduire, la connaissance de ses limites est :
C facultative **D** indispensable

23

En période probatoire, je dois suivre un stage de sensibilisation si je commets une infraction entraînant un retrait de :
A 1 point **B** 2 points
C 3 points **D** 4 points

24

Un seul pneu usé :
- diminue l'adhérence de la moto
A OUI **B** NON
- est sanctionné **C** OUI **D** NON

19BC / 20A / 21AD / 22AD / 23CD / 24AC

TEST EN SITUATION 1

Flashez le QR code

Visionnez la vidéo puis répondez à la question sur le permis probatoire.

liennathan.fr/22e2gc

TEST EN SITUATION 2

Flashez le QR code

Visionnez la vidéo puis répondez à la question sur la conduite en virage.

liennathan.fr/p2i4a3

Test blanc

1

De jour, je dois circuler avec mon (mes) feu(x) de croisement ou diurne(s) :

A OUI B NON

2

Dans cette zone, je dois céder le passage :

A aux piétons

B aux véhicules légers

C aux véhicules lourds

3

Cette ligne axiale dite de dissuasion :

– interdit de dépasser un véhicule circulant normalement A OUI B NON

– informe de la dangerosité du lieu

C OUI D NON

4

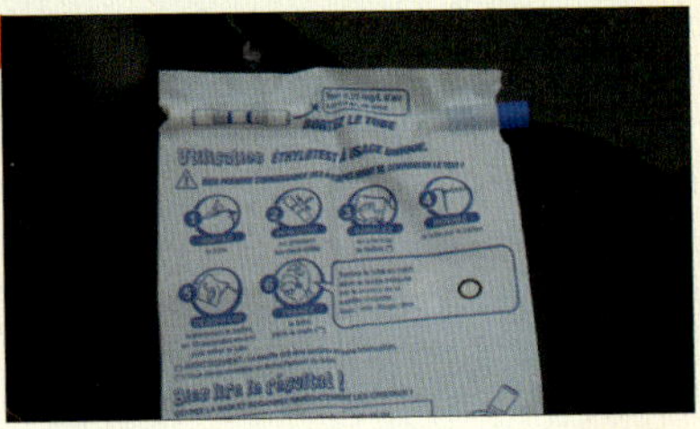

Je perds 6 points sur mon permis si j'ai une alcoolémie :

– de 0,50 g/l de sang A OUI B NON

– de 1,20 g/l de sang C OUI D NON

5

Ce panneau annonce que je bénéficie de la priorité de passage :

A OUI B NON

1A / 2A / 3AC / 4AC / 5B

6

Je vais rencontrer : A un ralentisseur

B un passage pour piéton

La limitation de vitesse à 30 km/h concerne uniquement le danger signalé :

C OUI D NON

7

Cette trajectoire diminue le risque de collision :

A OUI B NON

8

L'intervalle de sécurité doit être d'au moins :

A 2 secondes

B 4 secondes

9

Plus d'un motard sur 10 impliqué dans un accident de la route a moins de 6 mois d'expérience :

A OUI B NON

10

Si je dois freiner en virage, je privilégie :

A le frein avant

B le frein arrière

6AD / 7B / 8A / 9A / 10B

Test blanc

11

Relâcher sa vigilance sur un feu rouge est sans risque :

A OUI B NON

12

De nuit, l'évaluation des distances est faussée : A OUI B NON

Le port d'un écran fumé est fortement déconseillé : C OUI D NON

13

Pour obtenir plus d'efficacité de freinage, j'utilise la commande de frein avant avec 2 doigts :

A OUI B NON

14

Un motard débutant a une meilleure analyse des situations qu'un conducteur expérimenté :

A OUI B NON

15

Je dois :

– ralentir A OUI B NON

– m'écarter des véhicules en stationnement

C OUI D NON

11B / 12AC / 13B / 14B / 15BD

16

Je bénéficie d'une priorité de passage :

A OUI B NON

17

Cet environnement favorise la prise de risque :

A OUI B NON

18

Pour quitter ma moto :

A je béquille puis je descends

B je descends puis je béquille

19

Pour réduire sa consommation de carburant, ce motard :

– stabilise sa vitesse	A OUI	B NON
– utilise le régulateur	C OUI	D NON

20

Ce panneau est implanté dans les virages où les comportements sont jugés les plus dangereux :

A OUI B NON

16A / 17A / 18A / 19AC / 20A

Test blanc

21

L'intervalle de sécurité doit être au moins égal à : A 1 m B 1,5 m

Je me replace immédiatement devant le cycliste : C OUI D NON

22

Je dépasse ces véhicules par la droite :
A OUI B NON

Je continue de surveiller leurs intentions :
C OUI D NON

23

Mon placement à gauche de ma voie est adapté :
A OUI B NON

24

En me plaçant sur la gauche de ma voie avant ce virage :
J'effectue une trajectoire dite de sécurité :
A OUI B NON

Cette trajectoire permet de voir la sortie du virage : C plus tôt D plus tard

25

Une moto est difficilement perceptible par un automobiliste : A OUI B NON

Je cherche le contact visuel avec les autres usagers : C OUI D NON

21BD / 22AC / 23A / 24AC / 25AC

26

Dans ces conditions de circulation, les motos sont autorisées à circuler dans la voie de bus :

A OUI **B** NON

27

Le principal danger est :

A que le bus démarre

B qu'un piéton traverse devant le bus

28

Je ne vois pas le visage du conducteur dans les rétroviseurs du camion. Je me trouve dans son angle mort :

A OUI **B** NON

29

Passer devant un piéton est une infraction :

A OUI **B** NON

30

Avant de passer :

Je klaxonne pour prévenir de ma présence

A OUI **B** NON

Je contrôle le rétroviseur et l'angle mort gauche **C** OUI **D** NON

26B / 27B / 28A / 29A / 30BC

31

Ce hublot permet de vérifier le niveau :

- **A** de liquide de refroidissement
- **B** de liquide de frein
- **C** d'huile moteur

32

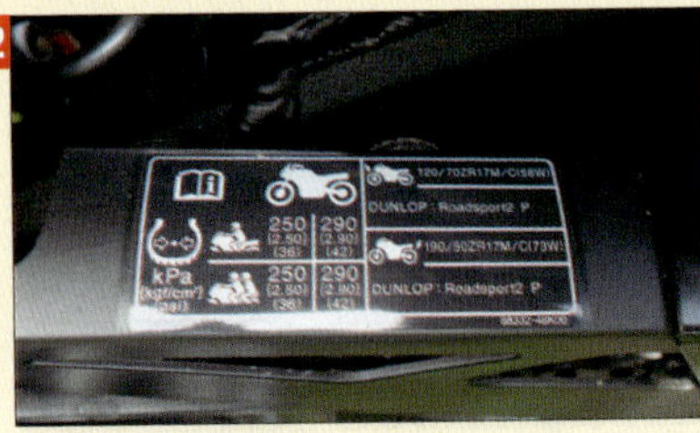

La pression préconisée par cette étiquette s'entend sur pneus froids :

A OUI **B** NON

À chaud, j'ajoute 0,3 bar à la préconisation :

C OUI **D** NON

33

Les feux de route éclairent :

- **A** à 50 m au moins
- **B** à 100 m au moins
- **C** à 150 m au moins

34

Il est recommandé de changer un casque utilisé régulièrement :

- **A** au bout de 2 ans
- **B** au bout de 5 ans
- **C** au bout de 10 ans
- **D** après un choc

35

À moto, le port de gants homologués est :

- **A** facultatif
- **B** conseillé
- **C** obligatoire

31C / 32AC / 33B / 34BD / 35C

36

La position de mon pied est correcte :

– pour freiner A OUI B NON

– pour circuler C OUI D NON

37

Se déplacer à moto en ville :

– favorise la mobilité A OUI B NON

– supprime totalement les embouteillages C OUI D NON

38

Retirer le casque est :

A sans conséquence B risqué

Ce doit être uniquement réalisé par les secours : C OUI D NON

39

Le refus de priorité à un piéton manifestant son intention de traverser est puni d'un retrait de :

A 2 points B 4 points

C 6 points D 10 points

40

L'absence de dispositifs réfléchissants est sanctionnable d'une perte de 3 points :

A OUI B NON

36BC / 37BD / 38BC / 39C / 40A

Annexes

ANNEXE 1

Les réglementations européennes

ANNEXE 2

Les panneaux d'indication
Les panneaux de direction
Les panneaux de danger
Les panneaux de priorité et d'intersection
Les panneaux de passage à niveau
Les panneaux d'interdiction
Les panneaux de fin d'interdiction
Les panneaux de stationnement
Les panneaux d'obligation
Les panneaux de fin d'obligation
Les panneaux temporaires
Les balises
Les idéogrammes
Les panonceaux

Annexe 1

Les réglementations européennes

Malgré l'harmonisation des réglementations routières des États membres de l'Union européenne, des différences subsistent dans certains pays.

pays	agglomération	hors agglomération	autoroute	alcoolémie
Allemagne	50	100	130 (conseillé)	0,5 g/l
Autriche	50	100	130	0,5 g/l et 0,1 g/l *
Belgique	50	90	120	0,5 g/l
Bulgarie	50	90	140	0,5 g/l
Croatie	50	90	130	0,5 g/l
Chypre	50	80	100	0,9 g/l
Danemark	50	80	130	0,5 g/l
Espagne	50	90	120	0,5 g/l et 0,3 g/l *
Estonie	50	90	90	0,5 g/l
Finlande	50	80	80	0,5 g/l
France	50	80 / 90 / 110	130	0,5 g/l et 0,2 g/l *
Grèce	50	90	130	0,5 g/l
Hongrie	50	90	130	0,0 g/l

* nouveaux conducteurs

pays	agglomération	hors agglomération	autoroute	alcoolémie
Irlande	50	100	120	0,5 g/l
Italie	50	90	130	0,5 g/l
Lettonie	50	90		0,5 g/l
Lituanie	50	90	130	0,4 g/l
Luxembourg	50	90	130	0,8 g/l
Malte	50	80	80	0,8 g/l
Pays-Bas	50	80	120	0,5 g/l
Pologne	60	90	140	0,2 g/l
Portugal	50	90	120	0,5 g/l
Rep. tchèque	50	90	130	0,0 g/l
Roumanie	50	90	130	0,0 g/l
Royaume-Uni	48 km/h	96 km/h	112 km/h	0,8 g/l
Slovaquie	50	90	130	0,0 g/l
Slovénie	50	90	130	0,5 g/l
Suède	50	70	110	0,2 g/l

Les panneaux d'indication

Parc de stationnement

Lieu aménagé pour le stationnement gratuit à durée limitée avec contrôle par disque

Parc de stationnement payant quel que soit le mode de perception de la taxe

Forêt facilement inflammable

Vitesse conseillée sur une section de route faisant l'objet d'une régulation des vitesses

Fin de vitesse conseillée

Station de taxis. Le stationnement est réservé aux taxis sur une étendue signalée par un marquage approprié

Arrêt d'autobus. Le stationnement est réservé aux autobus sur une étendue signalée par un marquage approprié

Indication d'un arrêt de tramway. Le stationnement est réservé aux tramways. Les autres usagers ne doivent pas dépasser un tramway pendant son arrêt

Indication d'un emplacement d'arrêt d'urgence. L'emplacement, constitué par un aménagement de l'accotement, est strictement réservé aux arrêts d'urgence

Circulation à sens unique

Chemin sans issue

Présignalisation d'un chemin sans issue

Présignalisation de la praticabilité de la route (position route ouverte)

Priorité par rapport à la circulation venant en sens inverse

Passage pour piétons sur chaussée

Indication d'une traversée de voies de tramways

Entrée d'un tunnel où il est interdit de faire demi-tour, de s'arrêter et de stationner en dehors des emplacements d'arrêt d'urgence et où l'allumage des feux de croisement est obligatoire

Indication des conditions particulières de circulation par voie sur la route suivie

Indication des conditions particulières de circulation par voie sur la route suivie

Indication des conditions particulières de circulation par voie sur la route suivie

Indication rappelant les limites de vitesse sur autoroute

Annonce d'une voie de détresse à droite

La signalisation routière présente dans l'ouvrage résulte de l'arrêté de 2002.

Les panneaux d'indication

Ralentisseur
de type dos-d'âne

Indication de la réduction du nombre de voies sur une route à chaussées séparées ou sur un créneau de dépassement à chaussées séparées

Fin d'un créneau de dépassement à trois voies affectées

Indication de la réduction du nombre de voies sur une route à chaussées séparées ou sur un créneau de dépassement à chaussées séparées

Présignalisation d'un créneau de dépassement ou d'une section de route à chaussées séparées

Créneau de dépassement à trois voies affectées « deux voies dans un sens et une voie dans l'autre »

Section de route à trois voies affectées « une voie dans un sens et deux voies dans l'autre »

Indication de la fin d'un créneau de dépassement à trois voies affectées

Indications diverses

Présignalisation du début d'une section à péage. L'usager ne désirant pas prendre la section à péage doit changer de direction à l'intersection suivante

Conditions particulières de circulation par voie sur la route suivie

Entrée dans une zone de rencontre

Indication de paiement par carte bancaire

Indication de paiement automatique par pièces de monnaie

Route pour automobiles. Ce signal annonce le début d'une section de route autre qu'une autoroute, réservée à la circulation automobile sur laquelle, sauf indication contraire, la vitesse maximale des véhicules est fixée à 110 km/h. Les dérogations sont portées à la connaissance des usagers par une signalisation appropriée

Fin de route pour automobiles

Aire piétonne. Début d'une zone affectée à la circulation des piétons. La circulation et le stationnement des véhicules automobiles sont réglementés

Fin d'aire piétonne : ce signal indique la fin des réglementations édictées par le panneau

Indication d'une piste ou bande cyclable conseillée et réservée aux cycles à deux ou trois roues

Indication de la fin d'une piste ou d'une bande cyclable conseillée et réservée aux cycles à deux ou trois roues

Début de section à statut autoroutier à laquelle correspondent des prescriptions particulières

Fin de section à statut autoroutier. Fin des prescriptions particulières relatives aux autoroutes

Les panneaux de direction

Panneau de position comportant une indication de distance

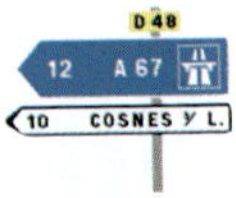

Panneau de position comportant une indication de distance

Panneau de position ne comportant pas d'indication de distance

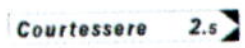

Panneau de position destiné à signaler les lieux-dits et les fermes comportant ou non une indication de distance

Panneau de position destiné à signaler les lieux-dits et les fermes comportant ou non une indication de distance

Panneau de signalisation avancée de sortie non numérotée

Panneau de signalisation avancée de bifurcation autoroutière

Panneau de signalisation avancée de bifurcation autoroutière

Panneau de signalisation avancée de bifurcation autoroutière

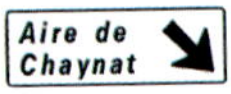

Panneau de signalisation avancée d'aire sur route

Panneau de signalisation avancée d'aire sur autoroute

Panneau de signalisation avancée d'affectation de voies de sortie numérotée

Panneau de signalisation avancée d'affectation de voies de sortie non numérotée

Panneau de signalisation avancée d'affectation de voies de sortie non numérotée

Panneau de signalisation avancée d'affectation de voies de sortie non numérotée

Panneau de signalisation avancée d'affectation de voies de bifurcation autoroutière

Panneau de signalisation avancée d'affectation de voie d'entrée d'aire sur route

Panneau de signalisation avancée d'affectation de voie d'entrée d'aire sur autoroute

Panneau de présignalisation de sortie numérotée

Panneau de présignalisation de sortie numérotée

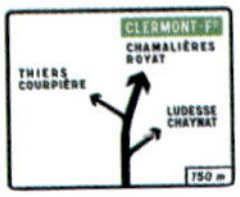

Panneau de présignalisation diagrammatique des carrefours complexes

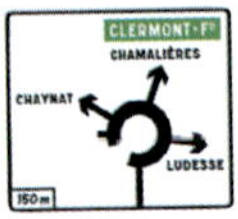

Panneau de présignalisation diagrammatique des carrefours à sens giratoire

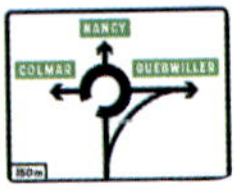

Panneau de présignalisation diagrammatique des carrefours à sens giratoire

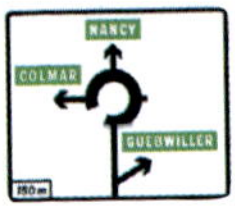

Panneau de présignalisation diagrammatique des carrefours à sens giratoire

Panneau de présignalisation d'affectation de voies de sortie numérotée

Panneau de présignalisation d'affectation de voies de sortie non numérotée

Panneau de présignalisation d'affectation de voies de bifurcation autoroutière

Panneau de présignalisation d'affectation de voies de sortie non numérotée

Panneau de présignalisation d'affectation de voies de bifurcation autoroutière

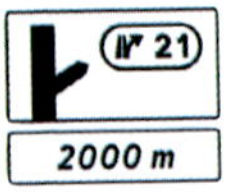

Panneau d'avertissement de sortie simple

Les panneaux de direction

Panneau d'avertissement de sortie simple donnant également accès à une aire de service ou de repos

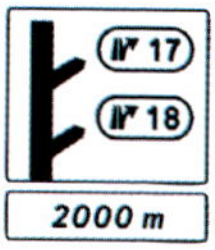

Panneau d'avertissement de sorties rapprochées

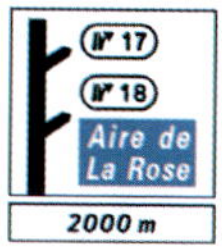

Panneau d'avertissement de sorties rapprochées dont l'une donne également accès à une aire de service ou de repos

Panneau d'avertissement de bifurcation autoroutière simple

Panneau d'avertissement de bifurcation autoroutière et de sortie rapprochée

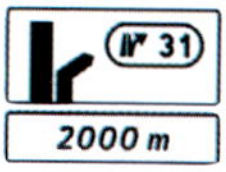

Panneau d'avertissement de sortie avec affectation de voies

Panneau d'avertissement de sortie donnant également accès à une aire de service ou de repos, avec affectation de voie

Panneau d'avertissement de bifurcation autoroutière avec affectation de voies

Panneau de confirmation courante utilisé sur route

Panneau de confirmation courante utilisé sur autoroute

Panneau de confirmation de filante utilisé sur route à chaussées séparées

Panneau de confirmation de filante utilisé sur autoroute

Panneau de confirmation de filante avec flèche(s) d'affectation verticale(s), utilisé sur autoroute

Panneau de confirmation de filante avec flèche(s) d'affectation coudée(s), utilisé sur autoroute

Panneau de confirmation de la prochaine sortie

Panneau de confirmation de la prochaine bifurcation autoroutière

Panneau de fin d'itinéraire «S»

Panneau de fin d'itinéraire «Bis»

Panneau de signalisation de sortie destiné à informer l'usager des destinations desservies par la prochaine sortie

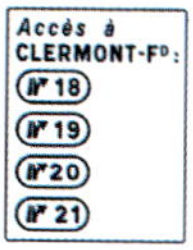

Panneau de signalisation complémentaire des différentes sorties desservant une agglomération

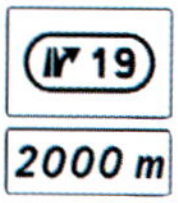

Panneau de présignalisation complémentaire de sortie

Panneau de signalisation complémentaire d'itinéraire « S »

Panneau de signalisation complémentaire d'itinéraire « Bis »

Annexe 2

Les panneaux de danger

Virage à droite

Virage à gauche

Succession de virages dont le premier est à droite

Succession de virages dont le premier est à gauche

Cassis ou dos-d'âne

Ralentisseur de type dos-d'âne

Chaussée rétrécie

Chaussée rétrécie par la droite

Chaussée rétrécie par la gauche

Chaussée particulièrement glissante

Pont mobile

Passage à niveau muni de barrières à fonctionnement manuel lors du passage des trains

Passage à niveau sans barrière ni demi-barrière

Traversée de voies de tramways

Endroit fréquenté par les enfants

Passage pour piéton

Autres dangers. (La nature du danger pouvant ou non être précisée par un panonceau)

Passage d'animaux domestiques

Passage d'animaux domestiques

Passage d'animaux sauvages

Passage de cavaliers

Descente dangereuse

Annonce de feux tricolores

Circulation dans les deux sens

Risque de chutes de pierres ou de présence sur la route de pierre tombées

Débouché sur un quai ou une berge

Débouché de cyclistes venant de droite ou de gauche

Traversée d'une aire de danger aérien

Vent latéral

Les panneaux de priorité et d'intersection

Intersection où le conducteur est tenu de céder le passage aux véhicules débouchant de la ou des routes situées à sa droite

Intersection avec une route dont les usagers doivent céder le passage

Cédez le passage à l'intersection (Signal de position)

Cédez le passage à l'intersection

Arrêt à l'intersection dans les conditions définies à l'article R. 27 du code de la route (Signal de position)

Arrêt à l'intersection

Indication du caractère prioritaire d'une route

Fin du caractère prioritaire d'une route

Carrefour à sens giratoire

Les panneaux de passage à niveau

Signalisation de position, d'une part, des passages à niveau à une voie sans barrière ni demi-barrière et non munis de signalisation automatique et, d'autre part, des aires de danger aérien où les mouvements d'avions à basse altitude constituent un danger

Signalisation de position des passages à niveau à une voie munis d'une signalisation automatique lumineuse et sonore sans barrière ni demi-barrière

Signalisation de position des passages à niveau à plusieurs voies sans barrière ni demi-barrière et non munis de signalisation automatique

Signalisation de position des passages à niveau à plusieurs voies munis d'une signalisation automatique lumineuse et sonore sans barrière ni demi-barrière

Signalisation de position, d'une part, des passages à niveau à une voie sans barrière ni demi-barrière et non munis de signalisation automatique et, d'autre part, des aires de danger aérien où les mouvements d'avions à basse altitude constituent un danger

Signalisation de position des passages à niveau à une voie munis d'une signalisation automatique lumineuse et sonore sans barrière ni demi-barrière

Signalisation de position des passages à niveau à plusieurs voies sans barrière ni demi-barrière et non munis de signalisation automatique

Signalisation de position des passages à niveau à plusieurs voies munis d'une signalisation automatique lumineuse et sonore sans barrière ni demi-barrière

Les panneaux d'interdiction

Circulation interdite dans les deux sens

Sens interdit à tout véhicule

Interdiction de tourner à gauche à la prochaine intersection

Interdiction de tourner à droite à la prochaine intersection

Interdiction de faire demi-tour sur une route suivie jusqu'à la prochaine intersection

Interdiction de dépasser tous les véhicules à moteur autres que ceux à deux roues sans side-car

Interdiction aux véhicules dont le poids total autorisé en charge est supérieur à 3,5 t de dépasser tous les véhicules à moteur autres que ceux à deux roues sans side-car

Arrêt au poste de douane

Arrêt au poste de gendarmerie

Arrêt au poste de police

Arrêt au poste de péage

Accès interdit aux véhicules à moteur à l'exception des cyclomoteurs

Accès interdit à tous les véhicules à moteur

Accès interdit aux véhicules affectés au transport de marchandises

Accès interdit aux piétons

Accès interdit aux cycles

Accès interdit aux véhicules à traction animale

Accès interdit aux véhicules agricoles à moteur

Accès interdit aux voitures à bras à l'exclusion de celles visées à l'article R.217 du code de la route

Accès interdit aux véhicules de transport en commun de personnes

Accès interdit aux cyclomoteurs

Accès interdit aux véhicules, véhicules articulés, trains doubles ou ensemble de véhicules dont la longueur est supérieure au nombre indiqué

Accès interdit aux véhicules dont la largeur, chargement compris, est supérieure au nombre indiqué

Accès interdit aux véhicules dont la hauteur, chargement compris, est supérieure au nombre indiqué

Les panneaux d'interdiction

Accès interdit aux véhicules, véhicules articulés, trains doubles ou ensemble de véhicules dont le poids total autorisé en charge excède le nombre indiqué

Accès interdit aux véhicules pesant sur un essieu plus que le nombre indiqué

Limitation de vitesse. Ce panneau notifie l'interdiction de dépasser la vitesse indiquée

Cédez le passage à la circulation venant en sens inverse

Signaux sonores interdits

Interdiction aux véhicules de circuler sans maintenir entre eux un intervalle au moins égal au nombre indiqué

Accès interdit aux véhicules transportant plus d'une certaine quantité de produits explosifs ou facilement inflammables

Accès interdit aux véhicules transportant plus d'une certaine quantité de produits de nature à polluer les eaux

Accès interdit aux véhicules transportant des matières dangereuses et signalées comme telles

Autres interdictions dont la nature est indiquée par une inscription sur le panneau

Sens interdit (bretelle d'accès d'autoroute et de voies à chaussées séparées)

Les panneaux de fin d'interdiction

Fin de toutes interdictions précédemment signalées, imposées aux véhicules en mouvement

Fin de limitation de vitesse

Fin d'interdiction de dépasser

Fin d'interdiction de dépasser

Fin d'interdiction de l'usage de l'avertisseur sonore

Fin d'interdiction dont la nature est indiquée sur le panneau

Annexe 2

Les panneaux de stationnement

Stationnement interdit

Stationnement interdit du 1er au 15 du mois

Stationnement interdit du 16 à la fin du mois

Arrêt et stationnement interdits

Entrée d'une zone à stationnement unilatéral à alternance semi-mensuelle

Entrée d'une zone à stationnement de durée limitée, avec contrôle par disque

Entrée d'une zone à stationnement payant

Entrée d'une zone à stationnement unilatéral à alternance semi-mensuelle et à durée limitée

Entrée d'une zone à stationnement unilatéral à alternance semi-mensuelle et à durée limitée, avec contrôle par disque

Entrée d'une zone à stationnement interdit

Sortie de zone à stationnement interdit

Sortie de zone à stationnement unilatéral à alternance semi-mensuelle

Sortie de zone à stationnement de durée limitée, avec contrôle par disque

Sortie de zone à stationnement payant

Sortie de zone à stationnement unilatéral à alternance semi-mensuelle et à durée limitée, avec contrôle par disque

Les panneaux d'obligation

Obligation de tourner à droite avant le panneau

Obligation de tourner à gauche avant le panneau

Contournement obligatoire par la droite

Contournement obligatoire par la gauche

Direction obligatoire à la prochaine intersection : tout droit

Direction obligatoire à la prochaine intersection : à droite

Direction obligatoire à la prochaine intersection : à gauche

Directions obligatoires à la prochaine intersection : tout droit ou à droite

Directions obligatoires à la prochaine intersection : tout droit ou à gauche

Directions obligatoires à la prochaine intersection : à droite ou à gauche

Piste ou bande obligatoire pour les cyclistes sans side-car ou remorque

Chemin obligatoire pour les piétons

Chemin obligatoire pour les cavaliers

Vitesse minimale obligatoire

Chaînes à neige obligatoires sur au moins deux roues motrices

Voie réservée aux véhicules des services réguliers de transport en commun

Voie réservée aux tramways

Autres obligations dont la nature est mentionnée par une inscription sur le panneau

Les panneaux de fin d'obligation

Fin de piste ou bande obligatoire pour cycle

Fin de chemin obligatoire pour piétons

Fin de chemin obligatoire pour cavaliers

Fin de vitesse minimale obligatoire

Fin de l'obligation de l'usage des chaînes à neige

Fin de voie réservée aux transports en commun réguliers

Fin de voie réservée aux tramways

Fin d'obligation dont la nature est mentionnée par une inscription sur le panneau

Annexe 2

Les panneaux temporaires

Cassis, dos-d'âne

Chaussée rétrécie

Chaussée glissante

Travaux

Autres dangers

Annonce de signaux lumineux réglant la circulation

Projection de gravillons

Fanion. Signalisation d'un obstacle temporaire de faible importance

Barrage. Signalisation de position de travaux ou de tout autre obstacle de caractère temporaire

Dispositif conique. Signalisation de position des limites d'obstacles temporaires

Piquet. Signalisation de position des limites d'obstacles temporaires

Balise d'alignement. Signalisation de position des limites d'obstacles temporaires

Balise de guidage

Barrière. Signal de position d'une déviation ou d'un rétrécissement temporaire de chaussée

Piquet mobile. Signal servant à régler manuellement la circulation

Signal de délimitation de chantier

Indication de chantier important ou de situations diverses

Indication de chantier important ou de situations diverses

Indication de chantier important ou de situations diverses

Présignalisation de changement de chaussée

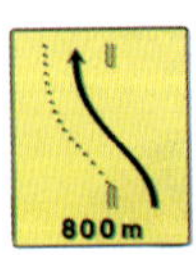

Présignalisation de changement de chaussée

Présignalisation de changement de chaussée

Présignalisation de changement de chaussée

Affectation des voies

Les panneaux temporaires

Annonce de la réduction du nombre de voies laissées libres à la circulation sur route à chaussées séparées

Annonce de la réduction du nombre de voies laissées libres à la circulation sur route à chaussées séparées

Annonce de la réduction du nombre de voies laissées libres à la circulation sur route à chaussées séparées

Annonce de la réduction du nombre de voies laissées libres à la circulation sur route à chaussées séparées

Annonce de la réduction du nombre de voies laissées libres à la circulation sur route à chaussées séparées

Annonce de la réduction du nombre de voies laissées libres à la circulation sur route à chaussées séparées

Direction de déviation avec mention de la ville

Direction de déviation avec mention de la ville

Direction de déviation

Présignalisation de déviation

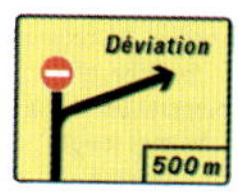

Présignalisation de l'origine d'un itinéraire de déviation

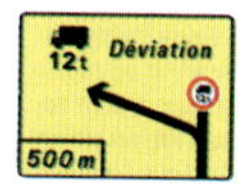

Présignalisation de l'origine d'un itinéraire de déviation catégorielle

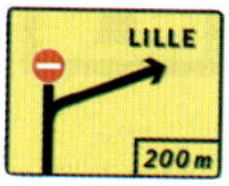

Présignalisation de l'origine d'un itinéraire de déviation

Présignalisation de l'origine d'un itinéraire de déviation catégorielle

Présignalisation courante de déviation

Présignalisation courante de déviation catégorielle

Présignalisation courante de déviation avec mention de la ville

Présignalisation courante de déviation catégorielle avec mention de la ville

Fin de déviation

Fin de déviation

Signalisation complémentaire d'un itinéraire de déviation

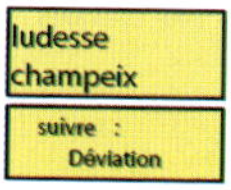

Signalisation complémentaire d'un itinéraire de déviation

Indique la longueur de la section dangereuse ou soumise à réglementation ou visée par l'indication

Signaux tricolores d'alternat temporaire

Annexe 2

Les balises

Balise des virages

Signalisation de position des intersections de routes

Balise des virages

Balise des virages

Signalisation des nez d'îlots séparateurs

Délinéateur. Balisage des limites de chaussées

Manche à air. Balise indiquant l'endroit où souffle fréquemment un vent latéral violent ainsi que l'intensité et la direction de celui-ci

Balises pour passage à niveau. De couleur blanche, elle comporte une à trois bandes rouges obliques

Dispositif de renforcement d'un marquage permanent en divergent, de couleur verte

Balise de signalisation d'obstacle, comporte des bandes obliques alternativement bleues et blanches

Balise de musoir, signalant la divergence des voies, en forme de chevron de couleur blanche sur fond vert

Balise de musoir, signalant la divergence des voies, en forme de chevron de couleur blanche sur fond vert

Les idéogrammes

Aéroport

Hôpital ou clinique assurant les urgences

Hôpital ou clinique n'assurant pas les urgences

Poste d'appel d'urgence

Poste d'appel téléphonique

Relais d'information service

Installation accessible aux handicapés physiques

Terrain de camping pour tentes

Terrain de camping pour caravanes

Auberge de jeunesse

Emplacement pour pique-nique

Point de départ d'un itinéraire d'excursions à pied

Hôtel

Restaurant

Voie verte (réservée à la circulation des piétons et des véhicules non motorisés)

Signal annonçant une zone où la vitesse est contrôlée par un ou des radars automatiques

Les panonceaux

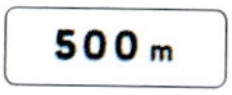

Indique la longueur de la section comprise entre le signal et le début du passage dangereux

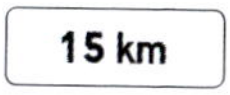

Indique la longueur de la section dangereuse

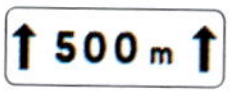

Indique la longueur de la section comprise entre le signal et le début du passage dangereux

Indique la longueur de la section dange-reuse

Indique la position ou la direction de la voie concernée par le signal

Indique la position ou la direction de la voie concernée par le signal

Désigne les véhicules dont le poids total autorisé en charge est inférieur à 3,5 tonnes

Désigne les véhicules de transport en commun de personnes

Désigne les cycles

Désigne les cyclomoteurs

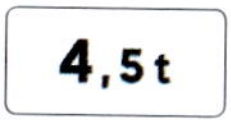

Désigne les véhicules dont le poids total autorisé en charge autorisé excède le nombre indiqué

Désigne les véhicules affectés au transport de marchandises

Désigne les véhicules dont le poids total autorisé en charge excède le nombre indiqué

Désigne les véhicules pesant sur un essieu plus que le nombre indiqué

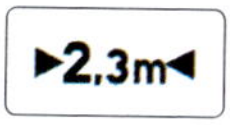

Désigne les véhicules dont la largeur, chargement compris, est supérieure au nombre indiqué

Désigne les véhicules tractant une caravane ou remorque dont le poids total n'excède pas 3,5 tonnes

Indique la distance comprise entre le signal et l'endroit où le conducteur doit marquer l'arrêt

Indique que le stationnement est payant avec parcmètre

Indique que le stationnement est payant avec parcmètre

Donne des précisions concernant l'interdiction

Représente l'intersection qui va être abordée

Représente l'intersection qui va être abordée

Indique que la section sur laquelle s'applique la prescription s'étend de part et d'autre du panneau

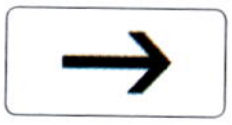

Indique que la section sur laquelle s'applique la pres-cription s'étend de part et d'autre du panneau

Indique que la section sur laquelle s'applique la prescription s'étend dans le sens indiqué par la flèche

Indique que la section sur laquelle s'applique la prescription s'étend dans le sens indiqué par la flèche

Indique que la section sur laquelle s'applique la prescription s'étend dans le sens indiqué par la flèche

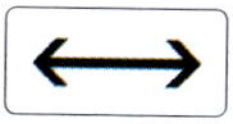

Indique que la section sur laquelle s'applique la prescription s'étend dans les sens indiqués par les flèches

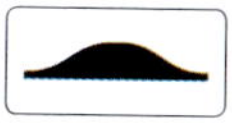

Indique que le passage piéton est surélevé

Notes

Notes

Notes

Notes

Crédits photographiques

Toutes les photos sont prises par l'auteur, Thierry Orval.

Les photos suivantes proviennent d'Adobe Stock :
p. 251 (h) Pascal Huot ;
p. 261 (m) chalabala.cz ;
p. 279 (b) © Pixel-Shot.

MIXTE
Papier issu de sources responsables
FSC® C022030
www.fsc.org

N° Editeur : 151241 - N° de projet : 10287795
Dépôt légal : janvier 2023
Achevé d'imprimer en : décembre 2022
Imprimé en France par Clerc (18)